Knau

Von Erich Bauer ist außerdem erschienen:

Mond und Psyche
Das Liebeshoroskop (12 Bände)
Ihr persönlicher Astrobegleiter (12 Bände)

Über den Autor:

Erich Bauer, Jahrgang 1942, ist Diplompsychologe, Heilpraktiker und Journalist. Seit 1980 beschäftigt er sich intensiv mit psychologischen Grenzgebieten, Schwerpunkt Astrologie. Er ist Autor zahlreicher Bücher und verfaßte Tages-, Monats- und Jahreshoroskope u. a. für *Cosmopolitan, Hamburger Abendblatt, Berliner Morgenpost* und das Fernsehen. Er hat eine eigene Praxis und ist Chef-Astrologe der wöchentlich erscheinenden *Astrowoche*.

Erich Bauer

Das Astro-Handbuch

Schütze

23. 11. – 21. 12.

Liebe • Gesundheit • Karriere

Knaur

Besuchen Sie uns im Internet:
www.droemer-weltbild.de

Originalausgabe 2001

Redaktion: Ralf Lay
Umschlaggestaltung: Agentur Zero, München
Umschlagillustration und Graphiken: Isabella Roth, Hamburg
Layout und Satz: Sabine Hüttenkofer, München
Druck und Bindung: Clausen & Bosse, Leck
Printed in Germany
ISBN 3-426-77550-6

5 4 3 2 1

Für Johanna und Dirk

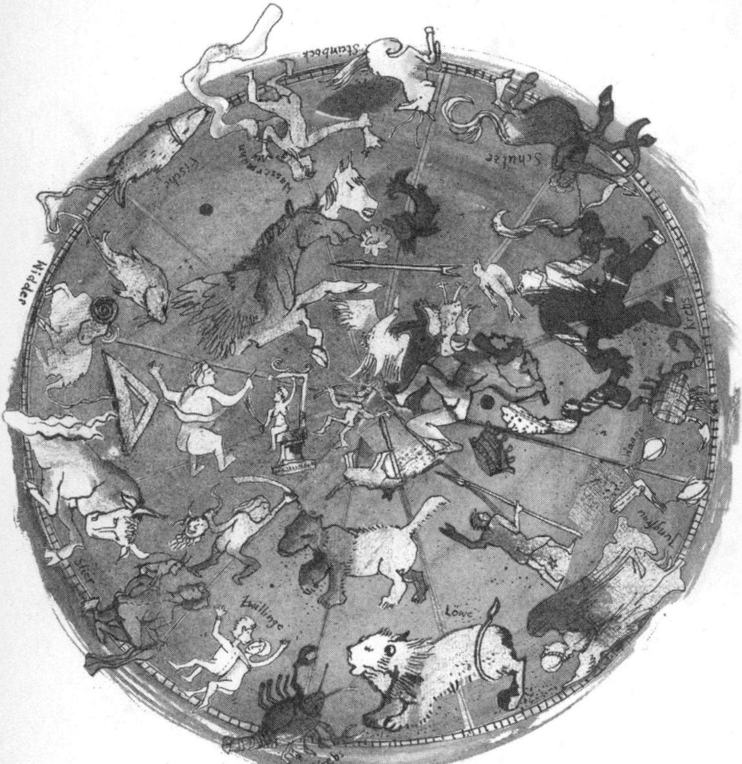

Die Sternzeichen des nördlichen Tierkreises bilden die Grundlage der Astrologie

INHALT

VORWORT

Astrologie ist eine wunderbare Sache.
Sie verbindet den Menschen mit dem Himmel, richtet seinen Blick nach oben in die Unendlichkeit. Vielleicht steckt hinter der Beschäftigung mit Astrologie zutiefst die Sehnsucht nach unserem Ursprung, unserem Zuhause, nach Gott – oder wie immer man das Geheimnisvolle, Unbekannte nennen will.

Astrologie ist uralt und trotzdem hochaktuell.
Die ersten Zeugnisse einer Sternenkunde liegen Tausende von Jahren zurück. Und dennoch ist sie brandneu. Es scheint, als hätte sie nichts von ihrer Faszination eingebüßt. Natürlich hat sich die Art und Weise astrologischer Beschäftigung verändert. Während früher noch der Astrologe persönlich in den Himmel schaute, studiert er heute seinen Computerbildschirm. Damals konnte man nur von einem Kundigen eingeweiht werden, heute finden sich beinahe in jeder Zeitung astrologische Prognosen.

Astrologie ist populär.
Jeder kennt die zwölf Tierkreiszeichen. Man kann eigentlich einen x-beliebigen Menschen auf der Straße ansprechen und ihn nach seiner Meinung befragen: Er weiß fast immer Bescheid, sowohl über sein eigenes Sternzeichen als auch über die meisten anderen. Die zwölf astrologischen Zeichen sind Archetypen, die im Unterbewußtsein ruhen und auf die man jederzeit zurückgreifen kann.

Astrologie schenkt Sicherheit.
Der einzelne findet sich eingebettet in einer gütigen und wohlwollenden Matrix, ist aufgehoben, hat seinen Platz, so wie auch alle anderen ihren Platz haben.

Astrologie kann gefährlich sein.
Sie kann sowohl den Astrologen wie auch seine Klienten dazu verleiten, sich aus der Wirklichkeit auszublenden. Ersterem scheint sie ein schier perfektes System zu liefern: Konstellationen, die sich auf Bruchteile von Sekunden berechnen lassen, blenden und machen

glauben, man habe es mit einer exakten Wissenschaft zu tun. Genau das ist aber falsch. Die Astrologie ist viel eher eine Kunst oder eine Philosophie als eine Naturwissenschaft. Ihre Vorhersagen sind immer nur ungefähr, zeigen eine Möglichkeit, geben aber keine Garantie. Astrologen wie Ratsuchende driften, wenn sie nicht achtgeben, leicht in eine Pseudowelt ab. In ihr ist zwar alles in sich stimmig, allein es fehlt am validen Bezug zur Wirklichkeit.
Ich bin Astrologe aus Passion. Ich lebe in dieser Welt, aber ich weiß auch, daß sie nicht alles offenbart. Ich freue mich, die Gestirne als Freunde zu haben, und glaube, daß ich so mein Schicksal gütig stimme. Das ist eine Hoffnung, kein Wissen.

Ist Astrologie dann ein Religionsersatz?
Vielleicht. Aber genausogut könnte man auch die Religionen als einen Ersatz für Astrologie bezeichnen. Die Sterne waren jedenfalls zuerst da. Ich betrachte die Planeten wie »Götter«. Aber das tue ich nur, um die Würde zum Ausdruck zu bringen, die ihnen meiner Meinung nach zu eigen ist. Ich weiß jedoch auch, daß sie nicht der Weisheit letzter Schluß sind. Dahinter existiert noch etwas Größeres, Mächtigeres, Unfaßbares.
Am meisten begeistert mich, daß mir die Astrologie die Augen geöffnet hat für die Vielfalt des Lebens. Man neigt doch so sehr dazu, die Welt als einen Teil von sich selbst zu erleben, entweder passend oder nicht – richtig oder falsch. Mit Hilfe der Astrologie habe ich erfahren, daß es verschiedene Prinzipien gibt und damit auch ganz verschiedene Menschen.

Ich wünsche Ihnen beim Lesen Spaß, Spannung, etwas Skepsis – und daß Sie sich selbst und andere besser verstehen.

Erich Bauer im Frühjahr 2001

Eine kurze Geschichte der Astrologie

Am Anfang jeder Geschichte der Astrologie steht das Bild des nächtlichen, mit Sternen übersäten Himmels. Der Mensch früherer Zeiten hat ihn sicher anders erlebt als wir. Er wußte nichts von Lichtjahren und galaktischen Nebeln. Er erschaute das Firmament eher vergleichbar einem Kind. Und als Kind der Frühzeit sah er sich nicht, wie wir heute, als getrennt von diesem Himmel, sondern als eins mit ihm. Er fand sich in allem und fand alles in sich. Und er folgte dem Rhythmus dieses großen Ganzen, ähnlich wie ein Kind seiner Mutter folgt. Dabei fühlte er sich wohl getragen und geborgen.
Wann die Menschheit anfing, sich aus diesem Gefühl der Allverbundenheit zu lösen, ist schwer zu sagen. Die überlieferten Zeichen sind rar und rätselhaft. Aber als der Homo sapiens begann, die Sterne zu deuten, war er dem großen Ozean seit Äonen entstiegen, er sah sich und den Himmel längst als getrennte Einheiten. Doch kam es irgendwann dazu, daß der Mensch Beziehungen zwischen den Sternbildern und dem Leben auf der Erde wiederentdeckte, deren Kenntnis er eigentlich schon immer besaß. Beispielsweise erlebte er, daß ein Krieg ausbrach, während am Himmel ein Komet auftauchte und die normale Ordnung der Sterne störte. Oder er empfand großes Glück, während sich am Himmel zwei besonders helle Lichter trafen. Er begann solch auffällige Lichter mit Namen zu versehen: »Helios« beispielsweise – oder »Jupiter«, »Mars« oder »Venus«. Er ging sogar dazu über, bestimmte Sterne als Gruppen (Sternbilder) zusammenzufassen und ihnen Namen zu geben, etwa »Widder« oder »Großer Wagen«. Immer wieder beobachtete er typische Gestirnskonstellationen, die parallel zu markanten Ereignissen auf der Erde auftraten. Nach den Gesetzen der Logik entwickelte er aus diesen Zusammenhängen mit der Zeit eine Wissenschaft, die Astrologie, die ihm zum Beispiel die Schlußfolgerung erlaubte, daß auf der Erde Gefahr droht, wenn Mars in das Tierkreiszeichen Skorpion eintritt. So fand der Mensch allmählich seine verlorene Einheit wieder und baute eine Brücke, die ihn mit seinem Urwissen verband, das er im Inneren seiner Seele aber nie wirklich verloren hatte.

DER URSPRUNG

Die Urheimat der Sternkunde war nach heutigem Erkenntnisstand Mesopotamien, das Land zwischen den Flüssen Euphrat und Tigris, das jetzt Irak heißt. Dort war der menschliche Geist wohl am kühnsten und vollzog als erster endgültig die Trennung zwischen Mensch und Schöpfung. Die Sterne am Himmel bekamen Götternamen, etwa den des Sonnengotts Schamasch und der Göttin Ischtar, die auch als Tochter der Mondgöttin verehrt wurde und die sich als leuchtender Venusstern offenbarte. Da der Mond, die Sonne und einige andere Lichter im Vergleich zu den Fixsternen scheinbar wanderten, nannte man diese Planeten »umherirrende« oder »wilde Schafe« und unterschied sie von den »festgebundenen« oder »zahmen Schafen« – den Fixsternen, die vom Sternbild Orion, dem »guten Hirten«, bewacht wurden. Der größte Planet des Sonnensystems, mit heutigem Namen »Jupiter«, war im Land zwischen den zwei Strömen ein Sinnbild des Schöpfergottes Marduk. Sein Sohn und Begleiter hieß »Nabu« und wurde später zu »Merkur«. Das rötlich funkelnde Gestirn Mars wiederum war die Heimat des Herrn der Waffen, der genauso als Rachegott angesehen wurde. Saturn war ebenfalls bereits entdeckt worden und wurde als eine »müde Sonne« betrachtet. Außerdem galt er als Gott der Gerechtigkeit, Ordnung und Beständigkeit. Gemeinsam mit anderen Göttern erhob sich schließlich der Rat der zwölf Gottheiten, und damit hatten auch die zwölf verschiedenen astrologischen Prinzipien ihren Auftritt. Zu all diesen Erkenntnissen kam man im Zweistromland etwa zwischen dem 7. und 4. vorchristlichen Jahrhundert.

Man hat Tafeln aus dem 2. Jahrhundert vor Christus gefunden, auf denen Beobachtungen über den Lauf von Sonne, Mars und Venus eingezeichnet waren. Auch Zeugnisse von ersten Geburtshoroskopen stammen aus dieser Zeit. Im Jahr 1847 wurden bei den Ruinen von Ninive 25 000 Tontafeln ausgegraben. Man datierte sie ins Jahr 600 vor Christus. Auf einem Teil dieser Tafeln befinden sich Weissagungen, die, mit etwas Zeitgeist aufgefrischt, ohne weiteres der astrologischen Seite einer modernen Tageszeitung entstammen könnten: »Wenn Venus mit ihrem Feuerlicht die Braut des Skorpions beleuchtet, dessen Schwanz dunkel ist und dessen Hörner hell leuchten, so wird Regen und Hochflut das Land verwüsten.«

Das ist eine »professionelle« astrologische Vorhersage. Damit war Spezialistentum an die Stelle einer ganzheitlichen Naturerfahrung getreten. Denn inzwischen hatte nur der fachkundige Astrologe die Zeit und das Wissen, den Himmel zu studieren, um daraus Rückschlüsse auf die Ereignisse im Weltgeschehen zu ziehen. Bald mußte dieser Fachmann auch nicht einmal mehr den Himmel selbst beobachten. Spätestens im 1. Jahrhundert vor Christus gab es Ephemeriden. Das sind Bücher, aus denen die Stellung der Gestirne zu jeder beliebigen Zeit herausgelesen werden kann. Die Astrologie, wie sie auch heute noch betrieben wird, war damit endgültig geboren.

DIE BLÜTE

In den nun folgenden anderthalbtausend Jahren erlebte die Astrologie eine Blütezeit kolossalen Ausmaßes. Dafür steht ein so bedeutender Name wie Claudius Ptolemäus. Er lebte im 2. Jahrhundert nach Christus und vertrat das geozentrische Weltbild mit der Erde im Mittelpunkt, auf das sich die Menschheit nach ihm noch länger als ein Jahrtausend beziehen sollte. Er war Geograph, Mathematiker und ein berühmter Astrologe und Astronom, der das bis in unsere Zeit fast unveränderte Regelwerk der Astrologie, den *Tetrabiblos*, welcher aus vier Büchern besteht, verfaßte. Darin riet er zu einer sorgfältigen Gesamtschau des Geburtshoroskops. Er erwähnte auch, daß man bei der Beurteilung eines Menschen ebenso dessen Milieu und Erziehung berücksichtigen solle, was einer modernen ganzheitlichen psychologischen Betrachtungsweise entspricht.
Eine spätere Berühmtheit in der Geschichte der Astrologie war Philippus Theophrastus Bombastus von Hohenheim (1493–1541), der sich selbst stolz Paracelsus nannte. Er war Arzt, Alchimist sowie Philosoph, und von ihm stammt jener von Astrologen so oft zitierte Satz: »Ein guter Arzt muß immer auch ein guter Astronomus sein.« Dazwischen lebte der Bischof Isidor von Sevilla (560–636). Er schrieb, ein Arzt solle immer auch sternkundig sein. Erwähnt werden muß natürlich die berühmte weibliche Vertreterin einer sternenkundigen Heilkunst, Hildegard von Bingen (1098–1179). Sie war fasziniert von den Analogien zwischen Himmel und Erde, sammelte Kräuter, pflanzte sie im Klostergarten an und schrieb über die Wirkung der Mondphasen. Natürlich war die heilige Hildegard nicht der einzige weibliche astrologisch denkende Mensch. Aber ihr Name sei hier stellvertretend genannt für

all die Frauen, die als Tempelpriesterinnen, Nonnen und angebliche Hexen ihr ganzheitliches Wissen über die Jahrhunderte hinweg weitergegeben haben.
Bis ins 16. Jahrhundert dauerte die Hoch-Zeit der Astrologie. Beinahe alle angesehenen Denker – wie Platon und Aristoteles im Altertum, Naturwissenschaftler wie Nikolaus Kopernikus (1473–1543), Johannes Kepler (1571–1630) und Galileo Galilei (1564–1624) – dachten astrologisch und berechneten auch Horoskope. Am bekanntesten ist das von Kepler angefertigte Horoskop Wallensteins aus dem Jahr 1608. Die Astrologie wurde an den Universitäten gelehrt, und auch viele Bischöfe und einige Päpste förderten die Sternkunde. Wie es heute selbstverständlich ist, daß ein Naturwissenschaftler Einsteins Relativitätstheorie kennt und versteht, so war damals jeder denkende Kopf in der Astrologie bewandert.

DER NIEDERGANG

Bereits Ende des 16. Jahrhunderts hatte die Astrologie ihren guten Ruf in vielen Ländern Europas verloren. Es gab päpstliche Anordnungen wie die Bulle »Constitutio coeli et terrae« von 1586, in der ein Verbot der Astrologie ausgesprochen wurde, und die meisten Universitäten schafften ihren Lehrstuhl für Astrologie ab.
Worauf war dieser rapide Niedergang zurückzuführen? Es gibt sicher zahlreiche Gründe. Der wichtigste ist, daß sich der menschliche Geist von den Fesseln tradierter Vorstellungen zu befreien begann. Er löste sich mit der Reformation von Rom und später mit der Französischen Revolution von seinen königlichen und kaiserlichen »Göttern«. Da war es nur konsequent, sich auch von den »Göttern am Himmel« loszusagen. Der zweite Grund war der, daß sich im Lauf der Zeit grobe Fehler astrologischer Vorhersagen herumsprachen. So hatte es wohl keine Prophezeiung gegeben, die den Dreißigjährigen Krieg oder die Pest rechtzeitig in den Sternen sah. Der dritte Grund wird häufig von den professionellen Astrologen angeführt. Sie behaupten, daß die falschen Propheten, also die unseriösen Astrologen, der wahrhaften Sterndeutekunst das Aus bescherten. Eine Kunst wie die Astrologie lockt natürlich auch faustische Gestalten an, die davon besessen sind, dem Schicksal einen Schritt voraus zu sein. Solche Schwarmgeister

Die 1524 prophezeite Sintflut aufgrund einer Planetenballung im Fischezeichen fand nicht statt

und falsche Propheten haben der Astrologie bestimmt geschadet, besonders auch, weil durch die Erfindung der Buchdruckerkunst jede selbst noch so törichte Prophezeiung in einer hohen Auflage verbreitet werden konnte. Aber den guten Ruf der Astrologie haben letztlich auch sie nicht ruiniert.
Nein, es waren die Astrologen selbst. Als im 16. und 17. Jahrhundert durch immer neue Entdeckungen die Erde ihre zentrale Stellung verlor und sich ein völlig neues naturwissenschaftliches Verständnis durchsetzte, versuchte die Astrologie mitzuhalten und verlor wegen ihrer unhaltbaren Thesen jeden Kredit in den gelehrten Kreisen. Schon Kepler, der seiner Zeit um Jahrzehnte voraus war, hatte die Astrologen gewarnt und ihnen geraten, ihre Kunst nicht auf einen naturwissenschaftlichen, sondern auf einen philosophischen Boden zu stellen. Er sagte, es sei unmöglich, zu denken, daß die Sterne mittels irgendwelcher Strahlungen die menschliche Seele berühren könnten. Er sprach in diesem Zusammenhang von einem astrologischen Instinkt, der im menschlichen Geist verankert sei. Aber sein »psychologischer Ansatz« wurde überhört und ging schließlich völlig unter. Die Astrologen sahen sich im Gegenteil dazu veranlaßt, immer hanebüchenere »wissenschaftliche« Thesen aufzustellen. Die Folge war ein gewaltiges Gelächter der gesamten gelehrten Welt im 17. Jahrhundert, das bis heute noch nicht verklungen ist.

DER NEUBEGINN

Erst im 19. und dann besonders im 20. Jahrhundert besann sich der Mensch wieder vermehrt seiner fernen Vergangenheit. Der Schweizer Psychoanalytiker C. G. Jung etwa sagte, daß die Astrologen endlich darangehen müßten, ihre Projektionen, die sie vor Jahrtausenden an den Himmel geworfen hätten, wieder auf die Erde zurückzuholen. In jeder menschlichen Seele seien die Kräfte der astrologischen Archetypen, der archaischen Urbilder, enthalten und dort wirksam. So wird der Raum am Himmel mit den Zeichen und Planeten zu einer Landkarte menschlicher Anschauung. Dabei ist es nicht so, daß zum Beispiel der Planet Mars die Geschicke *bestimmt*, sondern er *zeigt* durch seine Position den Gesetzen der Analogie folgend *auf*, was in der menschlichen Seele vor sich geht.

Nach seiner jahrtausendelangen Reise heraus aus der Allverbundenheit hat der Mensch also begonnen, den Bezug zu seinen Ursprüngen wiederherzustellen. Er besinnt sich als kritischer und freier Geist darauf, was schon immer in ihm vorhanden war. Damit beginnt die Ära einer psychologischen oder philosophischen Astrologie. Und das ist auch die Geburtsstunde einer Astrologie, die ganzheitlich denkt und arbeitet.
In etwa parallel zu dieser allmählichen Hinwendung zur Psychologie und Philosophie übernahmen Computer mit entsprechender Software den komplexen Rechenvorgang zur Erstellung eines Geburtshoroskops. Bis vor vielleicht zehn, zwanzig Jahren gehörte es zum Standardkönnen eines jeden Astrologen, Horoskope zu berechnen und zu zeichnen. Dies ist sehr wahrscheinlich einer der Gründe, warum Frauen unter den Sterndeutern damals deutlich in der Minderzahl waren. Es ist einfach nicht ihr Metier, sich mit trockenen Zahlen und komplizierten Berechnungen herumzuschlagen, wo es doch um seelische Vorgänge geht – und diese Feststellung ist in keiner Weise abwertend gemeint, denn heute sind Frauen unter den Astrologen bei weitem in der Überzahl.
Der PC spuckt nach Eingabe von Name, Geburtsdatum, -ort und -zeit in Sekundenschnelle das Horoskop aus. Die astrologische Kunst scheint jetzt »nur« noch darin zu bestehen, die Konstellationen richtig zu deuten. Und auch hier ersetzt der Computer mehr und mehr den Astrologen. Es gibt schon seit einigen Jahren Programme, die mit entsprechenden Textbausteinen zu bemerkenswert treffenden Aussagen kommen. Ist dies nun das Ende der Sterndeuter? Ich meine: im Gegenteil! Überlassen wir dem »Computer-Astrologen« ruhig die Grundarbeit. Das spart Zeit. Dafür kann der »Mensch-Astrologe« die einzelnen Fakten im Sinne einer ganzheitlichen Schau zusammentragen und sich völlig dem Verständnis der einmaligen, individuellen Persönlichkeit widmen. Ebendafür ist ein großes Maß an Intuition, die ja gerade eine weibliche Stärke ist, mit Sicherheit von Vorteil.

Teil I DAS TIERKREISZEICHEN

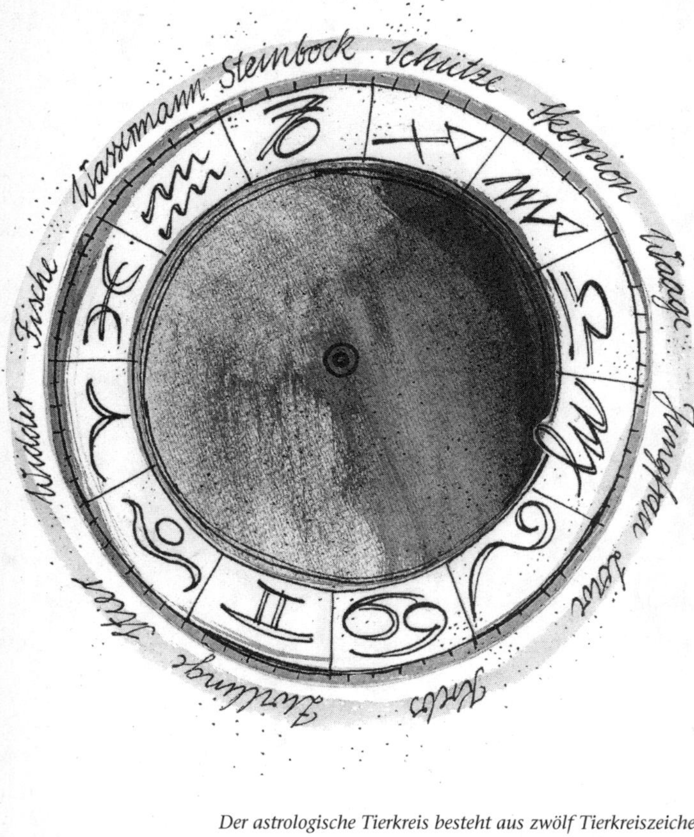

Der astrologische Tierkreis besteht aus zwölf Tierkreiszeichen

WAS IST EIGENTLICH EIN TIERKREISZEICHEN?

Die Erde dreht sich bekanntlich einmal im Jahr um die Sonne. Von uns aus gesehen, scheint es aber so zu sein, daß die Sonne eine kreisförmige Bahn um die Erde beschreibt. Der Astrologie wird vielfach vorgeworfen, sie ignoriere diesen grundlegenden Unterschied. In Wirklichkeit ist er für die astrologischen Berechnungen und Horoskopdeutungen jedoch nicht von Bedeutung.
Diesen in den Himmel projizierten Kreis nennt man »Ekliptik«. Die Ekliptik wird in zwölf gleich große Abschnitte gegliedert, denen die Namen der zwölf Tierkreiszeichen zugeordnet sind. Zwischen dem 23. November und dem 21. Dezember durchläuft die Sonne gerade den Abschnitt Schütze, weswegen dieses Tierkreiszeichen auch Ihr »Sonnenzeichen« genannt wird.
Jedes Tierkreiszeichen symbolisiert bestimmte Charaktereigenschaften und Verhaltensweisen, die mehr oder weniger typisch für die in dem betreffendem Zeitraum geborenen Menschen sind. Wie schon im Vorwort angedeutet wurde, handelt es sich bei diesen Archetypen allerdings nur um *einen* Aspekt der Persönlichkeit, der durch die Aussagen ergänzt bzw. beeinflußt wird, die sich von dem individuellen Aszendenten und der Tierkreiszeichen-Stellung der anderen Planeten zum Zeitpunkt der Geburt herleiten (dazu später mehr). Für ein wirklich aussagekräftiges Horoskop müssen Sie also auch die übrigen Konstellationen berücksichtigen und sie zu Ihrem Sonnenzeichen in Beziehung setzen.
Ebenso wie der Kreislauf des Jahres wird die Bahn, welche die Sonne an einem Tag scheinbar um die Erde zurücklegt, in zwölf Abschnitte gegliedert. So können etwa Ihr Aszendent und damit der Anfang des ersten Hauses sowie die Mondposition gefunden werden.
In diesem Buch werden nicht alle, aber die wichtigsten Horoskopfaktoren sowie ihre Ermittlung und Bedeutung besprochen. Wenn Sie darüber hinausgehende Informationen wünschen, finden Sie eine Fülle spezieller Fachliteratur dazu. Die genauen Gestirnspositionen zum Zeitpunkt Ihrer Geburt können Sie zum Beispiel den vom Computer errechneten Horoskopzeichnungen entnehmen, die inzwischen von vielen Anbietern verschickt werden (siehe auch die Info am Ende des Buches).
Doch beginnen wir jetzt mit der Betrachtung Ihres Sonnenzeichens, um zunächst einmal herauszufinden, was denn nun »typisch Schütze« ist.

Tierkreiszeichen Schütze – DER HINTERGRUND

Der astrologische Tierkreis läßt sich als eine Folge von zwölf Urprinzipien oder Archetypen begreifen. Ähnlich den Platonischen Grundprinzipien aller Erkenntnis und allen Seins existierten sie schon immer und werden immer sein. Sie erfüllen den gesamten Kosmos und daher auch jeden Menschen. Die Aufeinanderfolge dieser Prinzipien spiegelt eine universelle Gesetzmäßigkeit wider. Jeder Abschnitt baut auf dem vorhergehenden auf und führt ihn weiter. Alle zwölf Zeichen aber erfüllen sich im Tierkreis, in dem jedes Prinzip seinen Teil am Ganzen trägt.

Die Zeichen Widder bis Jungfrau repräsentieren verschiedene Stufen der *Ich-* bzw. *Selbst*entwicklung. Vom Widder (*Ich*durchsetzung) geht es über den Stier (*Ich*festigung) zu den Zwillingen (*Ich*austausch), dann vom Krebs (*Selbst*entdeckung) über den Löwen (*Selbst*ausdruck) zur

Jungfrau (*Selbst*aussteuerung). Mit der Waage setzt sich dann eine Außenorientierung durch; das *Ich* begegnet einem gleichwertigen *Du*. Auf der Ebene des Skorpions wiederum manifestiert sich die Idee der Gemeinschaft und die Einbindung des Ichs in der Gesellschaft.
Beim Übergang vom achten Tierkreiszeichen Skorpion zum neunten, dem Schützen, geschieht nun etwas Neues: Im tiefsten Wesen der Menschen erwacht eine Kraft, die sich der »bloßen Natur« entgegenstellt. Aus der Sicht des Skorpions zählte – symbolisch gesprochen – »nur« das Überleben der Gemeinschaft, der Sippe, des eigenen Blutes, der eigenen Rasse und der dies alles bewirkenden Triebe: geboren werden, sich entwickeln, ums Überleben kämpfen, Nachfahren zeugen, sterben.
Im neunten Abschnitt jedoch, dem Schützen, entsteht ein Sehnen nach einer anderen Wirklichkeit, die über das Naturgesetz hinausreicht: der Wunsch nach übermaterieller Sinnhaftigkeit, nach Licht, nach Unvergänglichkeit. Mit diesem Sehnen wird das Schützeprinzip verbunden – ein idealisiertes »Wesen«, das nicht mehr nur seinen Trieben folgt, sondern will, daß beispielsweise verschiedene Bevölkerungsgruppen und Rassen friedlich nebeneinander leben, daß man von einem Territorium ohne Bedrohung des Lebens in ein anderes reisen kann, daß es (sportliche) Wettkämpfe gibt, bei denen der Sieger den Verlierer nicht tötet oder verjagt, daß es Bücher, Museen, Universitäten und Kirchen gibt, die jedermann zugänglich sind – all dies repräsentiert das Prinzip des Schützen.

MEHR TIER ODER MEHR MENSCH?

Das Urbild des Schützen, der Zentaur, ist ein besonderes Wesen – halb Pferd (Unterkörper), halb Mensch (Oberkörper) – und in der griechischen Mythologie zu Hause. Da die Symbole in der Astrologie ihre Bedeutung sehr direkt und unmittelbar, fast wörtlich transportieren, bedeutet das Sinnbild des Zentauren, daß auch Schützegeborene eine Art Doppelwesen darstellen: halb Mensch, halb Tier. Die Worte »Mensch« und »Tier« muß man natürlich übersetzen, und zwar mit »Geist« und »Körper«. Mit anderen Worten: Die Zweiheit aus Tier und Mensch, die das Fabelwesen Schütze bzw. der Zentaur symbolisiert, spiegelt die uralte Dualität zwischen Körper und Geist, Materie und

Idee, dem Festen (oder Stofflichen) und dem Feinen (oder Energetischen) allen Seins wider, und zwar beim Schützen in besonderem Maß. Es gibt Schützen, die mehr den »tierhaften« Anteil ihrer Persönlichkeit leben. Sie haben meistens einen athletischen Körper, betreiben Sport oder bewegen sich von Berufs wegen sehr viel. Aber so wichtig ihnen ihr Körper mit seinen Muskeln, Knochen und Sehnen auch ist, sie unterstellen dies alles immer auch einer Idee, einem höheren Prinzip. Die bekannteste ist die olympische Idee, die im Altertum dem obersten Gott Zeus zur Ehre gereichen sollte. »Zeus« ist ja der griechische Name für »Jupiter«, und der Planet gleichen Namens gilt als Herrscher des Schützezeichens. Mit anderen Worten, der Schützemensch trainiert und treibt seinen Körper nicht nur zu Höchstleistungen an, um zu gewinnen, sondern auch, um einer geistigen Idee zu huldigen. Der Schützegeborene Jan Ullrich, sensationeller Gewinner der Tour de France von 1997, brachte diese Philosophie sehr deutlich zum Ausdruck, als er das Preisgeld für seinen Sieg unter seinen Mannschaftskameraden verteilte.

Andere Schützen folgen mehr dem geistigen Pol. Sie werden dann Philosophen, Wissenschaftler, Dichter oder Künstler anderer Art. Aber sosehr sie dem Geistigen auch nacheifern mögen, so sehr erfährt die andere Seite – der Körper, das »Tierhafte« – trotzdem die gebührende Aufmerksamkeit. Beispielhaft sei hier der Schütze Henri de Toulouse-Lautrec genannt, in dessen Bildern das Körperliche, Sinnliche und Erotische sowie das hektische Milieu der Vergnügungsetablissements stark und schonungslos zutage treten.

Wenn Sie ein typischer Schützegeborener sind, dann befinden Sie sich sozusagen immer irgendwo zwischen den Extremen, dem rein Körperlichen und dem rein Geistigen. Beide Seiten existieren in Ihnen, suchen eine Synthese und eine friedliche Koexistenz – so wie in Ihrem Urbild, dem Zentauren, Tier und Mensch friedlich miteinander vereint sind.

Ich bekam einmal durch Zufall das Poesiealbum eines neunjährigen Schützemädchens in die Hände. Darin kamen fein säuberlich alle ihre Schulfreunde und -freundinnen zu Wort. Unter anderem mußten sie die Frage »Was ist Dein Lieblingshobby?« beantworten. Den Geburtstagsdaten konnte ich entnehmen, daß gleich fünf Schützekinder zu ihren Auserwählten gehörten. Und nun kommt das Erstaunliche: Alle fünf Schützekinder gaben als ihr Lieblingshobby Reiten an.

Schützen sind tatsächlich fanatische Tierfreunde, und am liebsten hätten sie wohl alle ein Pferd. Denn das Zusammenspiel von Pferd und Reiter drückt genau das aus, worum es ihnen im tiefsten Inneren ihres Seins geht: die Synthese zwischen Körper und Geist unter Vorherrschaft des letzteren.
Aber, und das scheint mir sehr wichtig, in der Astrologie hat man keinen Reiter mit Pferd für das Schützezeichen gewählt, sondern ein magisches Wesen, einen Zentauren. Ich meine, daß damit der Eindruck vermieden werden soll, man könne sich das Tierhafte und damit Körperliche so einfach untertan machen, wie ein Reiter sein Pferd dressiert. Die Beziehung zwischen Körper und Geist ist weitaus vielschichtiger, und das wird durch einen Zentauren auch sehr bildhaftweise ausgedrückt: Hier gibt es weder Reiter noch Pferd, sondern nur ein harmonisches Miteinander. Vor allem kann sich der Geist nicht einfach vom Körper lösen und befreien, wie das beim Bild von Pferd und Reiter sehr wohl der Fall wäre.

Der Schütze ist ein Zentaur, halb Mensch, halb Tier

In diesem Zusammenspiel drückt sich ein tiefes Wissen um die Vorgänge in der menschlichen Psyche aus. Das mythologische Symbol spiegelt schon seit ewigen Zeiten sehr klar das wider, was Sigmund Freud vor etwa hundert Jahren beschrieb: Das Bewußtsein macht nur einen Teil der Psyche aus – und zwar den kleineren. Der größere Teil besteht aus dem Unbewußten. Das Bewußtsein, so Freud, habe zwar die Aufgabe, das Unbewußte zu lenken und zu leiten, es dürfe aber den anderen Teil nicht unterdrücken. Das nämlich führe zu schlimmen Krankheiten und psychischen Ausfällen. Das astrologische Symbol des Zentauren bringt dieses Spiel zwischen Bewußtsein und Unbewußtem in perfekter Weise zum Ausdruck.

Nicht jeder Schütze hat natürlich ein Pferd, aber sicher einen Hund oder eine Katze. Ohne es zu beabsichtigen, erfüllen sie mit der Nähe zu einem Tier ihre Sehnsucht nach Symbiose von Mensch und Tier. Ich kenne viele Tierärzte, die Schützegeborene sind. Und laut Gunter Sachs' Buch *Die Akte Astrologie* ist es auch statistisch erwiesen: Schützen studieren signifikant häufiger als Vertreter anderer Zeichen das Fach Veterinärmedizin.

Ich möchte noch einen Schützen erwähnen, dem eine wunderschöne Synthese von Tier und Mensch gelungen ist: den durch seine Comicfiguren weltberühmt und wahrscheinlich unsterblich gewordenen Walt Disney. In seinen Geschichten verschwindet der Unterschied zwischen Mensch und Kreatur völlig. Die Micky*maus* verhält sich wie ein Mensch, genauso wie es die Entchen Tick, Trick und Track tun.

Tier und Mensch, Körper und Geist, Bewußtes und Unbewußtes sind aber auch Metaphern für Sexualität und Sinnlichkeit auf der einen Seite und Sublimierung und Entsagung auf der anderen. Es gibt Schützegeborene, die dem Fleischlichen, der Lust, dem Eros, völlig ergeben sind. Meistens drücken sie schon in ihrem äußeren Erscheinungsbild aus, daß sie dem Hedonismus anhängen: Sie sind füllig, groß, haben weiche, runde Züge und machen keinen Hehl daraus, daß sie gern essen, trinken, lieben. Etwas Bacchantisches geht von ihnen aus, und dieser Bezug auf Bacchus hat allein schon insofern Berechtigung, als auch er der Sage nach zuweilen als Tier, nämlich in Stiergestalt, mit seinen lärmenden Begleitern durch die Wälder zog. Gott Jupiter selbst, der Patron aller Schützegeborenen, gilt im griechischen Mythos ebenfalls keineswegs als lustfeindlicher Kostverächter. Immer wieder begab er sich auf die Erde, um mit weltlichen Frauen sein sexuelles Begehren zu stillen. In der Schule kursierte der unselige Spruch »Quod licet Jovi, not licet bovi«, auf deutsch »Was dem Jupiter erlaubt ist, ist dem Rindvieh (damit sind die sterblichen Menschen gemeint) verboten«. Ich habe einmal ein Graffito entdeckt, das einen nackten Mann mit einem riesigen Penis darstellte. Darunter stand wieder dieser aus den Pennälertagen sattsam bekannte Tugendspruch, allerdings leicht verfremdet: »Was Jupiter erlaubt ist, ist dem Menschen eine Pflicht!« Der Autor muß ein Schütze gewesen sein.

Es gibt wie gesagt aber auch solche Schützegeborene, die der fleischlichen Lust zu entsagen suchen, Priester und Mönche zum Beispiel, die sich dem Zölibat verpflichtet fühlen, oder Menschen, die aufgrund einer persönlichen Überzeugung über ihre Begierde hinauswachsen möchten. Unter Schützegeborenen finden sich viele Priester und Menschen, die direkt oder indirekt mit Religion zu tun haben. Ich selbst kenne aus meinen Seminaren und Einzelsitzungen drei Schützen, die Theologie studierten. Wenn ich noch all die mir bekannten »modernen Seelsorger« hinzurechne, komme ich sogar auf eine beachtlich hohe Anzahl von Schützen. Mit »modernen Seelsorgern« meine ich Psychologen, Psychotherapeuten und berufsverwandte Berater. Sie studier(t)en zwar nicht Religion, aber letztlich tun sie etwas Ähnliches wie ihre kirchlichen Äquivalente: Sie predigen und helfen verlorenen Seelen dabei, wieder den richtigen Weg zu finden.

Wenn Sie ein typischer Schützegeborener sind, können Sie sich fragen, wo Sie selbst stehen, eher an dem einen, dem sinnlichen Pol – oder mehr am anderen, dem geistigen? Gleichgültig, wie Ihre persönliche Antwort aussieht, in jedem Fall müssen Sie sich immer auch mit der anderen Seite befassen. Sie können äußerlich ein Mensch sein, der sich keine Lust versagt, der raucht, trinkt, hemmungslos liebt und alles, was ihm über den Weg kommt, annimmt und genießt. In Ihrem Inneren steckt jedoch ebenso ein völlig entgegengesetztes Wesen, ein Asket, ein Engel, der sich über jegliche Sinnlichkeit erheben und frei davon sein möchte. Entsprechend verhält es sich aber auch umgekehrt: Wenn Sie ein Mensch sind, der dem rein geistigen Weg folgen möchte, dann werden Sie in Ihrem Inneren stets von den größten Versuchungen geplagt.

Von diesen widerstreitenden Persönlichkeitsanteilen sind Sie als typischer Schütze in besonderer Weise betroffen: Sie können sich weder ganz dem Körperlichen hingeben und dort Befriedigung erlangen, noch sind Sie in der Lage, einen Weg einzuschlagen, auf dem Ihre körperlichen Bedürfnisse völlig unwichtig sind.

Das hat ganz konkrete, praktische Folgen: Wenn Sie zum Beispiel glauben, Ihr Leben rein auf materiellen Wohlstand gründen zu können, so ist dieses Vorhaben von vornherein zum Scheitern verurteilt. Sie werden immer wieder Mißerfolgserlebnisse haben. Geld allein macht Sie nicht glücklich, und daher funktioniert es nicht, wenn Sie alles darauf setzen. Sie brauchen stets auch ein übergeordnetes geistiges Ziel, eine Philosophie, ein Ideal, dem Sie Ihre Kraft und Ihre Energien schenken. Sie können äußerlich nur in der Weise reich werden, wie Sie es auch innerlich sind.

Ich kenne eine Schützefrau, die über Nacht reich geworden ist. Ihre Großmutter hatte ihr fast eine halbe Million Mark hinterlassen. Was machte die Frau, die sich bisher als Studentin mit Hilfe von Gelegenheitsjobs durchbrachte? Sie investierte ihr Geld zuerst in eine Psychotherapie. Dann lebte sie ein Jahr lang in Amerika in einem therapeutischen Zentrum, um noch mehr über sich zu erfahren. Dabei stellte sie fest, daß sie das ererbte Geld mehr belastete, als daß es die erhoffte Freiheit schenkte. Sie behielt einen kleineren Teil des Geldes und stiftete den größeren dem therapeutischen Zentrum, in dem sie lebte. Ganz schön dumm? – Nein, ganz schön »schützig«!

Falls Sie als typischer Schütze reicher werden wollen, dann genügt es nicht, wenn Sie nur an Ihrem äußeren Wohlstand und Wachstum arbeiten: Ihr Geheimnis heißt, daß Sie auch innerlich wachsen müssen. In jedem Schützen und in jeder Schützin steckt dieser Wunsch, innerlich reicher zu werden, sich selbst und das Leben in seiner Vielfalt zu erkennen. Bei manchen tritt er schon sehr früh im Leben zutage, und sie studieren vielleicht Psychologie, Philosophie oder werden sogar Priester oder Pfarrer. Bei anderen wiederum macht sich der Wunsch erst viel später bemerkbar, manchmal sogar erst dann, wenn sie in Rente oder Pension gehen und endlich die Zeit haben, sich mit ihrem eigenen Innenleben näher zu beschäftigen.

Über einen ganz bestimmten »guten« Zentauren, das astrologische Urzeichen des Schützen, kursiert über das bisher Gesagte hinaus eine tragische Geschichte: Der große und kühne Herakles verfolgte einmal eine Horde von Zentauren, die ihn zuvor angegriffen hatten, und beschoß sie mit seinen Pfeilen. Sie flüchteten sich zu ihrem Stammesbruder, dem gütigen, gerechten, weisen Cheiron, der ursprünglich ein thessalischer Gott der Heilkunst war. Ein Pfeil, der durch den Arm eines der Zentauren drang, fuhr aber unglücklicherweise auch noch in das Knie Cheirons und blieb dort stecken. Herakles erkannte erst jetzt seinen Freund aus früheren Tagen, zog den Pfeil heraus und wandte ein Heilmittel an, das der arzneikundige Cheiron selbst zubereitet hatte. Die Wunde, durchdrungen vom Gift der Galle Hydras, war jedoch unheilbar, und der unsterbliche Cheiron litt fürchterliche Qualen. Schließlich trat er seine Unsterblichkeit an Prometheus ab und wurde von Zeus verstirnt: Cheiron ist heute als das Sternbild des Schützen am Himmel zu sehen.

Nun haben sich zahlreiche Schützen unserer Tage – wie ihr mythologisches Urbild Cheiron – der Heilkunst verschrieben, aber es gibt noch eine viel erstaunlichere Parallele zwischen den Schützegeborenen auf der Erde und jenem Zentauren: Sie treten insofern in seine Fußstapfen, als Menschen bei ihnen Schutz suchen. Ich denke etwa an Rechtsanwälte und an Therapeuten. Und ich habe sogar schon erlebt, daß Schützen freiwillig ein Schicksal auf sich nehmen, das eigentlich jemand anderem zugedacht war. Ich kenne aus meiner therapeutischen Praxis etwa Fälle, in denen Schützen sehr krank geworden sind, diese Krankheit aber auf sich genommen haben, um von jemand anderem Unheil abzuwenden.

Die Tendenz, für andere zu kämpfen, aber auch für andere zu leiden, ist in jedem Schützen vorhanden. Schützegeborene kommen erfahrungsgemäß fast immer in solchen Familien zur Welt, in denen Leid herrscht. Ich konnte vielfach feststellen, daß in Familien, die im Zweiten Weltkrieg den Vater oder einen Bruder verloren hatten, kurz darauf ein Schütze geboren wurde. Dieser Schütze war dann jedesmal irgendwie mit dem verstorbenen Bruder oder Vater verbunden. Manchmal bekam er sogar den gleichen Namen. Die Absicht der »Gruppenseele« scheint es also zu sein, ein Wesen zu erschaffen, das die durch den Tod entstandene Lücke füllt und so die ganze Familie heilt.

Schützegeborene erblicken aber auch in Familien das Licht der Welt, in denen in der Vergangenheit großes Unrecht geschah, zum Beispiel eine Tochter oder ein Sohn nicht anerkannt wurde. Solche Schützen werden dann später ebenfalls Psychotherapeuten, Ärzte oder Rechtsanwälte. Meistens ohne es überhaupt zu wissen, arbeiten sie vordergründig an aktuellen Fällen, in Wirklichkeit aber an einem Fall aus ihrer eigenen Vergangenheit.

BINDUNGSLOS UND OHNE RUHE

Wenn Sie ein typischer Schütze sind, gehören Sie von Ihrem seelischen Empfinden her mit ziemlicher Sicherheit zu keiner bestimmten Volksgruppe. Sie fühlen sich frei, Sie könnten überall leben. Aber Sie sind auch nirgends zu Hause. Oder genauer: Der Weg ist Ihr Ziel und Ihr Zuhause. Umgekehrt macht Ihnen Seßhaftigkeit angst. Sie erinnert Sie an die Vergangenheit des Skorpions und seinen Kampf ums Überleben, an seine Furcht vor den anderen und an eine Sicherheit, die allein eine starke Gemeinschaft verleiht. Ein bißchen sind Sie auf der Flucht (tatsächlich befinden sich unter den Flüchtlingen der Nachkriegszeit und ihren Kindern besonders viele Schützegeborene). Sie haben Ihre Heimat verloren – und Sie haben noch keine neue gefunden. Ein ganz bestimmtes Bild kommt mir dabei auch noch in den Sinn: die Pioniere im Wilden Westen. Viele von ihnen waren nicht nur einfallsreiche Handwerker, die ihre eigenen Häuser, Wagen und anderes bauen konnten, sondern sie hatten auch eine entsprechende Geisteshaltung und das Selbstvertrauen, die sie beflügelten, den neuen Kontinent zu überqueren. In diesen wettergegerbten Gesichtern – so das durch zahlreiche Hollywoodschmonzetten geprägte Klischee – blitzte Stolz und eine Mischung aus Abenteuerlust und Übermut. Sich selbst und die anderen mußten sie immer wieder vorantreiben und dabei auf das einzige setzen, was sie hatten: die Hoffnung, daß es dereinst irgendwo besser werden würde als dort, wo sie herkamen.

Schützegeborene sind Feuerzeichen. Als solche haben sie ebenso wie etwa die Widder einen Draht zu etwas, das man mit vernunftmäßigen, empirischen Maßstäben nicht nachvollziehen kann. Es überkommt sie einfach. Aber – und das ist das Entscheidende – ihre Inspiration ist genauso »wahr« wie ein logischer Schluß oder wie eine »abgesicherte« Erfahrung, und ihre Handlungen sind ebenso sinnvoll. Insbesondere Schützefrauen (ebenso wie beispielsweise Widderfrauen) beginnen rasch an sich zu zweifeln, wenn jemand kommt und von ihnen verlangt, sie sollten ihre Entschlüsse begründen. Sie versuchen dann häufig, es dem Fragenden recht zu machen, und verstricken sich immer mehr in Widersprüchen. In Wirklichkeit gibt es bei ihren Entscheidungen jedoch nichts zu begründen. Inspirationen, gute Ideen und sinnvolle Eingebungen brauchen normalerweise keine Rechtfertigung.

Vielleicht müßte es in der Bibel besser heißen: »Am Anfang war die *Inspiration.*« Ich halte die Gabe der Inspiration nämlich für die charakteristischste Eigenschaft von Schütze- wie beispielsweise auch Widdermenschen. Die einzigen Schützen, für die das nicht zutrifft, sind diejenigen, die einmal inspiriert waren, aber dann durch Enttäuschungen und widrige Umstände zu Zynikern wurden. Wenn man zum ersten Mal einen Schützen trifft, kann man ihn für eine inspirierte Seele halten oder auch nicht, je nachdem, in welcher Stimmung er ist und was er von einem hält. Hat man jedoch die Gelegenheit, ihn näher kennenzulernen, erlebt man schnell die ansteckende Begeisterung, in der er seine Leidenschaften mit anderen teilt. Wenn er, wie viele Schützen, ein Intellektueller ist, verfällt man schon bald seinen Theorien und Meinungen. Für den intellektuellen Schützen haben gute Ideen immer etwas Inspirierendes. Inhaltlich kann es dabei um alles mögliche gehen, von der Struktur des Universums bis zu der Frage, wie man einem Tennisball den richtigen Dreh versetzt. Gleich, welche Ideen dem Schütze- ebenso wie etwa dem Widdermenschen gefallen, sie werden seinen Geist beflügeln, und er wird versuchen, sie auch anderen schmackhaft zu machen.

Das Feuerelement verleiht Schützegeborenen darüber hinaus einen besonderen Enthusiasmus und eine außergewöhnliche Dramatik. Beobachten Sie einen typischen Schützen einmal etwas genauer: Er redet stets mit Armen und Händen und macht weit ausholende Gesten. Man könnte meinen, er ringe mit Gespenstern, und im Grunde ist das auch so: Er bannt sozusagen die »Geister« der Vergangenheit. Seine Einstellung ist expansiv und mündet in grenzenlose Begeisterung, Dramatik und Exzentrizität.

Ein deprimierter Schütze ist eine echte Rarität. Selbst wenn er wirklich einmal bis zum Hals im Schlamassel sitzt, findet er immer irgend etwas, was dieser Situation doch auch einen positiven Aspekt verleiht: Er hat Geld verloren. Na und? Glück gehabt! Er hätte es sowieso nur für Blödsinn ausgegeben. Er hat sich den Fuß gebrochen. Was für ein Dusel! So konnte er nicht in den Urlaub fahren, der eh völlig verregnet war …

Liebe, Sex
UND PARTNERSCHAFT

Für einen Schützen ist Lieben wie Jagen

Wenn ein Schützemann liebt, dann schlüpft er ein klein wenig in die Rolle des Zeus bzw. Jupiter, er fühlt sich ein bißchen wie ein Gott, der soeben den Olymp verlassen hat, um einer sterblichen Frau die Gunst zu erweisen. Und wenn eine Schützefrau liebt, dann wird sie sich immer ein wenig wie all die Frauen fühlen, die einst vom höchsten Gott Jupiter persönlich heimgesucht wurden. Mit anderen Worten: Liebe mit einem Schützen oder einer Schützin ist das Höchste, man kostet den Himmel, man schmeckt die Ewigkeit, weilt eine Zeitlang im Rosengarten, im Paradies, man ist umringt von Lotusblüten, umgeben von Amber-, Moschus- und Narzissenduft.
Schützen wollen die Liebe immer irgendwie kultivieren, sie erheben, ihr eine besondere Note verleihen. Einfach nur zu lieben, das erscheint ihnen uninteressant, banal, billig, niedrig. Der Schützegeborene Osho-Bhagwan, ein indischer Guru, sagte in einem seiner Vorträge

polarisierend einmal, daß der Westen selbst in der höchsten Form der Liebe letztendlich etwas Schlechtes, Niederes und Negatives sehe. Im Unterschied dazu erkenne der Osten sogar in einer der niedrigsten Praktizierung der Sexualität, der Prostitution, noch einen göttlichen Funken. Aus dem Osten kommen die Lehre des Tantra und das Buch *Kamasutra*. Darin werden Praktiken beschrieben, mit deren Hilfe mehr Lust beim Liebesakt gewonnen werden kann; die gezielt geübte sexuelle Praktik führt aber auch dazu, ein höheres Bewußtsein zu erlangen und der Erleuchtung näherzukommen – ein Thema, das Schützegeborenen regelrecht auf den Leib geschrieben ist.

Vor einiger Zeit rief mich eine Klientin an, um mir zu sagen, daß sie nicht zur vereinbarten Therapiestunde kommen könne. Sie erklärte nicht, weshalb, aber sie wolle mir in der Woche darauf genau Auskunft geben. Es stellte sich dann folgendes heraus: Sie hatte ein Verhältnis mit einem Mann, einem Schützen, zugleich aber seit einiger Zeit eine Liebesbeziehung mit einem Stier. An jenem Tag, für den die Sitzung geplant war, hatte sie eigentlich vorgehabt, anschließend ihren neuen Freund, den Stier, zu treffen und mit ihm gemeinsam den Abend zu verbringen. Sie hatte dies auch ihrem Schützefreund gesagt. Aber es kam ganz anders. Als sie nämlich ihr Büro verließ, wartete der Schützefreund auf sie im Auto. Sie wunderte sich zwar, stieg aber dennoch ein.

Ihr Freund fuhr schnurstracks Richtung Süden zur Autobahn. Dort fragte sie zum ersten Mal, was er denn vorhabe. Er antwortete: »Eine kleine Spritztour!« Tatsächlich fuhr er mit ihr nonstop von München nach Verona und gab ihr sein Handy, damit sie ihre Verabredungen absagen konnte. In Verona hatte er ein Zimmer im nobelsten Hotel und außerdem einen Tisch in einem sündhaft teuren Restaurant für sie beide reserviert. In dieser Nacht beschloß die Frau, den Stiermann zu vergessen: Ihr Schütze, so befand sie, war einfach der Beste.

Schützen sind also wahre Meister der Liebeskunst. Es ist, als wären sie allesamt in früheren Leben Tempeldienerinnen, Prostituierte, Eroberer, aber genausooft auch Nonnen und Mönche gewesen. Gerade die Spannung zwischen Lust und Verzicht schürt das Feuer und macht die Liebe noch gewaltiger und großartiger.

Schützen warten mit einem Eroberungsspiel auf, bei dem man einfach schwach werden muß: Sie sind dabei charmant, geistreich, witzig und unglaublich phantasievoll. Auch ihre Wärme und Herzlichkeit, die Nähe, die sie zulassen, machen sie diesbezüglich zum Besten, was unter dem Himmel zu finden ist. Schützemänner sind kantig, ja sogar hart, aber jede Frau spürt auf hundert Meter Entfernung ihr weiches Herz. Schützefrauen tragen gern Hosen und spielen auch sonst gern den Mann. Aber sie sind derart sanfte, weiche, herrliche Gespielinnen, daß ihnen jeder Partner dies alles nachsieht.

DIE BEZIEHUNGS- UND BINDUNGSFÄHIGKEIT DER SCHÜTZEN

Beziehungsfähig ist er, der Schütze, keine Frage, und er bekommt in dieser Kategorie daher ein »sehr gut«. Er liebt die Unterhaltung, ist an seinen Mitmenschen interessiert, aufgeschlossen und freundlich. Der Schütze hat keinerlei Probleme, Beziehungen einzugehen. Wenn ich mir vor Augen führe, wie leicht es ihm fällt, andere für sich zu interessieren und zu vereinnahmen, denke ich tatsächlich an den Pfeil und Bogen, den sein Tierkreiszeichensymbol in Händen hält: Handelt es sich um eine Art magische Waffe, mit der Schützen die Menschen in ihrer Umgebung beeindrucken und für sich gewinnen können?
Kommen wir jetzt zu ihrer Bindungsfähigkeit: Dafür gibt's hinwiederum ein glattes »mangelhaft«. Es ist keineswegs so, daß der typische Schütze sich nicht binden wollte. Er könnte ohne weiteres jeden Monat heiraten und jedesmal mit tiefster Inbrunst ewige Treue schwören. Aber er hält sich nicht an seine Beteuerungen. Sobald Schützemänner eine andere Frau oder Schützedamen einen anderen Mann sehen, sind in der Regel alle guten Vorsätze zum Teufel. Wenn sie über längere Zeit in einer Bindung bleiben, dann läßt das höchstens auf einen Mangel an Gelegenheiten schließen als auf Treue. (Die einzige andere Möglichkeit wäre, daß diese Schützen dann ein Mondzeichen oder einen Aszendenten im Horoskop haben, die ihre Bindungsschwäche etwas mildern, zum Beispiel Steinbock oder Krebs.)
Der Schütze in Reinkultur gehört zu der Kategorie von Menschen, die an ihrer eigenen Hochzeit nach der Brautjungfer schielen oder sich fragen, ob der junge Pfarrer wohl schon mal »richtig verführt« wurde. Männer, die unter diesem Tierkreiszeichen geboren wurden, kommen jedenfalls an keiner Frau vorbei, ohne wenigstens daran zu denken, mit ihr Liebe zu machen. Und die weiblichen Schützen können nie der Versuchung widerstehen, wenigstens durch Augenkontakt her-

auszufinden, ob sie den jeweiligen Mann wohl »haben« könnten. Zum realen Vollzug kommt es natürlich sehr viel seltener als in der Phantasie. Aber, wie gesagt, hätte der Schütze unbegrenzt freie Fahrt und müßte er hinterher nicht mit Eifersuchtsszenen rechnen, gäbe es kein Halten mehr.
Soll man so einen Mann oder so eine Frau dann überhaupt heiraten? Wer einen Partner bis zum Ende aller Tage sucht, sollte besser die Finger davon lassen. Andererseits, wer denkt schon an übermorgen, wenn er heute einen derartig charmanten, amüsanten Menschen liebt. Und der Schütze ist ja selbst davon überzeugt, daß er treu ist und niemals etwas anderes denken könnte, als diesen einen Menschen, auf den er sich eingelassen hat, immer zu lieben ...

IST DER SCHÜTZE GUT IM BETT?

So wie sich ihr großes »Vorbild«, der Gott Jupiter, immer wieder neue Raffinessen einfallen ließ, um bei den Frauen zu landen, so kennt auch der Einfallsreichtum eines Schützen wahrlich keine Grenzen. Er ist ein Meister der Verwandlung, und er spürt etwa ganz genau, ob sein Partner zu einer bestimmten Zeit mehr Zärtlichkeit oder mehr Leidenschaft und Feuer möchte.
Sicher, er will auch seine eigene Lust und Befriedigung, aber sie sind ihm kaum halb soviel wert, wenn nicht ebenso sein Partner den Himmel berührt. Vor allem aber ist er ein geistreicher Liebhaber, also genau das Gegenteil eines Menschen, der den Geschlechtsakt lediglich durchzieht, um sich zu befriedigen. Nein, wie schon erwähnt wurde, sind Schützemenschen Tantriker, Liebeskünstler, die ihren eigenen und den Körper ihres Partners mit Musik erfüllen und zum Klingen bringen. Für sie gibt es auch keine Tabus. Und gerade weil sie ja nicht nur körperliche, sondern immer auch geistige Befriedigung suchen, können sie sogar Sexualpraktiken aus dem pornographischen Grenzbereich, Sadomasochismus, Fetischismus und sogar Sex mit mehr als einem Partner ausprobieren, ohne ein »komisches Gefühl« dabei zu haben.
Wer mehr über die Lust und Leidenschaft von Schützen erfahren möchte, braucht nur ein Buch über Tantra oder das *Kamasutra* zur Hand zu nehmen. Dort findet sich alles, was Schützen und ihre Part-

ner glücklich macht: lieben und sich gegenseitig mit Honigfeigen füttern, den Körper mit warmem Öl einreiben und sich wie Schlangen bewegen, sich gegenseitig als »Sexsklave« zur Verfügung stehen und jeden Wunsch erfüllen, nackt voreinander sitzen, ohne sich zu berühren – und dergleichen mehr.

ÜBER DIE TREUE DES SCHÜTZEN …

Nein, er ist nicht treu; das wird auch klar sein nach dem, was bisher über den typischen Schützen gesagt wurde. Und wir kennen den Grund: Der Schütze ist beseelt von der Liebe, verliebt in die Liebe; sie ist der Stoff, der nicht nur seinen Körper befriedigt, sondern auch seinen Geist vorwärtsbringt und sein Bewußtsein hebt. Dazu kommt, daß ihm wie allen Feuerzeichen das »Beute*machen*« viel mehr Freude bereitet als das »Beute*haben*«; ein »Wild«, das er noch nicht »erlegen« konnte, ist für ihn allemal interessanter als eines – sei es auch noch so attraktiv und nett –, das er schon »hat«.
Nun muß aber zur Ehrenrettung des Schützen etwas hinzugefügt werden: Er ist der geborene Menschenfreund; er kann es nicht einmal mit ansehen, wie ein Tier leidet – und natürlich erst recht nicht, wenn ein Mensch traurig ist, womöglich auch noch seinetwegen. Mit anderen Worten: Ein Schütze treibt es nur so lange kunterbunt, wie ihm sein Partner keinen Riegel vorschiebt. Dies darf jedoch keinesfalls so aussehen, daß Verbote ausgesprochen oder heftige Drohungen gemacht werden. So etwas hält den Schützen niemals ab, seinem Bedürfnis nach Freiheit nachzugehen. Wenn er aber spürt, daß sein geliebter Partner wirklich leidet, daß er ihn verletzt mit seinen Eskapaden, daß er jemanden, der ihm sein Vertrauen geschenkt hat, mitten hineingestoßen hat ins Herz …, dann gelangt er allmählich zur Einsicht, hält sich zurück, vergleicht die Lust, die er bekommen kann, mit dem Schmerz, den er sich dafür einhandelt, und wägt in aller Regel zugunsten seines Partners ab.
Natürlich gibt es immer wieder Rückfälle, aber sie werden seltener. Voraussetzung ist, wie gesagt, daß sein Partner ihm mit dem ganzen Gewicht seiner verletzten Emotionen gegenübertritt. Das berührt sein eigenes Herz, das erreicht vor allem sein ethisches Empfinden, wonach es schier unverzeihlich ist, einem liebenden Menschen solcherart

Schmerz zuzufügen. Letztlich bleibt ein Schütze also bei dem Mann oder bei der Frau, dem bzw. der es gelingt, nicht nur sein erotisches Interesse zu wecken, sondern auch sein Moralempfinden und seinen Sinn für Ethik anzusprechen.

SO HÄLT MAN SCHÜTZEN BEI GUTER LAUNE

An erster Stelle der Skala von Mitteln zur Aufmunterung eines Schützen steht das Reisen. Jemandem, der für ihn ein Flugticket für einen Kurztrip in irgendeine Metropole bucht oder der ihn dazu ermuntert, sich hinters Steuer zu setzen und irgendwohin ins Blaue zu fahren, jemandem, der spontan mit ihm am Wochenende in den Bergen wandern möchte – dem legt der Schütze sein Herz zu Füßen.
An zweiter Stelle kommt Unterhaltung. Der Schütze weiß für sein Leben gern alles, doch er ist sich selbst offensichtlich zu gut dazu (meistens hat er aber auch keine Zeit, denn er ist ja ständig unterwegs), sich die nötigen Informationen zu beschaffen. Insbesondere lehnt er es zutiefst ab, sich mit Klatsch und Tratsch zu beschäftigen. Doch wenn ihm sein Partner diesen Job abnimmt, die entsprechenden Gazetten liest, weiß, wer und was gerade als »in« oder »out« gilt, dann ist der Schütze glücklich.
Eröffnen wir jetzt die Negativliste: Was kann ein Schütze nicht leiden? An erster Stelle steht Nörgelei. Weh und ach! Wie lästig findet er einen Partner, der ihm sagt, daß er doch auch manchmal aufräumen oder wenigstens die Butter, nachdem er sich sein Brot bestrichen hat, wieder in den Kühlschrank stellen soll. Er? Der große Schütze?
Bei dieser Gelegenheit muß einmal gesagt werden, daß typische Schützen in der überwiegenden Mehrzahl schlicht und einfach schlampig sind. Sie gehören neben den Fischen und Zwillingen zu den Menschen, die am wenigsten Wert auf Ordnung und ästhetisches Aussehen legen. Warum auch? Ihr Reich ist dem Himmel näher als der Erde. Aber sie liegen damit falsch. Letztlich ist auch das Plätzchen, das sie bewohnen und an dem sie arbeiten, ein Stück »Körper«, das sie mit ihrem Geist durchdringen sollen. Dennoch wimmelt es auf dieser Welt von Schützen, die sich, zumindest solange sie jung sind, keinen Deut um irdische Ordnungsprinzipien kümmern und, wie gesagt, genervt Grimassen schneiden, wenn ihnen das jemand vorhält.

Des weiteren reagieren sie sehr allergisch auf Mißachtung. Ein Schütze, der nicht wenigstens einmal am Tag hört, daß er der Größte, Schönste, Tollste ist, fühlt sich beleidigt und schärft seine sämtlichen Sinne, um herauszufinden, ob er diese Bestätigung nicht irgendwo anders bekommen kann. Er ist eitel, ja, und es erstaunt, daß es ihm auch nichts ausmacht, wenn man ihm dies sagt. Er muß schon sehr überzeugt sein von sich selbst!

WIE GUT SCHÜTZEN ALLEIN SEIN KÖNNEN

Der Schütze wird von sich sagen, daß er sehr gut allein sein kann, und eine Geschichte erzählen, wie er während des Studiums in einer winzigen Dachkammer hauste und aus lauter Einsamkeit begann, mit den Tauben zu sprechen. Er wird sagen, daß er zuweilen ganz allein in die Berge geht und dort seine großartigsten Erlebnisse hat, wenn er in ein Gewitter gerät und sich in einer Hütte unterstellen muß. Und er wird davon sprechen, daß letztendlich sowieso jeder Mensch allein ist, gleichgültig, ob man auf einer einsamen Insel wohnt oder mitten in der Stadt.
Während er das alles seinem Gegenüber mitteilt und sich sichtlich wohl fühlt in dessen Gesellschaft, schielt er aber noch nebenbei nach allen anderen Menschen, die um ihn herum sind. Er mimt also gern den einsamen Wolf oder den Yogi, der tagelang meditiert, aber in Wirklichkeit umgibt er sich ständig mit Menschen und gerät beinahe in einen kritischen Zustand, sollte er einmal für längere Zeit wirklich allein sein.
Der Schütze ist ein vollkommen soziales Wesen. Doch er hält sich nicht im Zentrum des Geschehens auf, sondern am Rande, so daß er kommen und gehen kann, wann er will. Aber wehe, die Tür ist einmal zu, der Einlaß versperrt: Dann bekommt er fast einen Nervenzusammenbruch, er zweifelt an sich und freundet sich unter Umständen mit Menschen an, um die er sonst einen weiten Bogen machen würde.
Man kann auch sicher sein, daß ein Schütze garantiert nicht lange allein bleibt, wenn man ihn verläßt oder er eine Partnerschaft beendet. Ich konnte es beispielsweise in einer Partnertherapie erleben, daß der Schützemann sagte, er müsse sich unbedingt sammeln, er wisse nicht mehr richtig, wo ihm der Kopf stehe und ob er seine Frau noch liebe

... Man vereinbarte eine einwöchige Trennung: Die Frau reiste zu ihrer Freundin, der Schütze blieb allein zurück mit dem festen Vorsatz, über sich nachzudenken. Doch als seine Frau zurückkam, hatte er sich in eine andere verliebt ...

DER SCHÜTZEMANN AUF DEM PRÜFSTAND

Nehmen wir an, Sie haben sich in einen Schützemann verliebt. Was nun? Sollen Sie ihn nach all dem bisher Gesagten am besten gleich wieder vergessen, weil er eh nicht lange bei Ihnen bleiben wird? Haben Sie stündlich damit zu rechnen, daß Sie ihn mit einer anderen ertappen? Müssen Sie jetzt etwa »Räuber und Gendarm« spielen, wobei Ihnen die undankbare Aufgabe zufällt, letzterer zu sein? Oder geht es einfach darum, daß Sie die richtigen taktischen Maßnahmen ergreifen, um diesen Mann nicht mehr zu verlieren?

Legen Sie solche Gedanken ad acta! Vertrauen Sie der Liebe! Dem Himmel sei Dank, sie folgt eigenen Gesetzen – und, davon bin ich überzeugt, bei einem Schützen noch in viel stärkerem Maß. Ich will damit sagen, daß Sie die Geschehnisse ohnehin nicht mehr beeinflussen können, wenn einmal Liebe im Spiel ist und der Schützemann einen wesentlichen Part darin besetzt. Genießen Sie diesen Mann! Er wird Ihr Herz öffnen. Er wird Ihnen zeigen, was Liebe ist. Er wird Sie sehr glücklich machen und Ihnen Erlebnisse bereiten, die Sie wohl bei keinem anderen finden.

Auf der anderen Seite sollten Sie es nicht zu ernst nehmen, wenn er Ihnen von seinen zig anderen Frauen erzählt, die er schon gehabt hat. Das hat überhaupt nichts zu sagen. Er will damit weder prahlen noch Ihnen angst machen, sondern schlicht und einfach nur sagen, daß sie alle nichts zählen im Vergleich zu der Liebe, die er jetzt zu Ihnen verspürt. Hören Sie ruhig zu, und nicken Sie dabei, wenn er Ihnen erzählt, daß er ein freier Mann ist und sich niemals richtig binden will. Erstens ist er kein freier Mann, und zweitens sucht er sehr wohl eine Bindung. Aber das ist alles unwichtig. Was allein zählt, ist Ihr Gefühl! Lassen Sie ihn spüren, daß Sie ausschließlich Ihrem Herzen folgen. Das ist erstens richtig und beeindruckt ihn zweitens ungeheuer.

Es kann sein, daß Sie dieser Mann eines Tages verläßt, aber Sie werden immer mit einem warmen Herzen an ihn denken. Es ist sogar mög-

Der Schützemann steht über den Dingen

lich, daß dieser Mann »Ihnen ein Kind macht« und Sie – wie es heißt – sitzenläßt. Aber er wird dann für dieses Kind sorgen. Ich zumindest kenne niemanden, der einen Schützen zum Vater hat und nicht wunderbar versorgt worden, gediehen und ein »richtiger Mann« oder eine »richtige Frau« geworden wäre.

DIE SCHÜTZEFRAU AUF DEM PRÜFSTAND

Wenn Sie eine Schützefrau lieben, ist es von Anfang an sehr wichtig für Sie zu wissen, daß Sie Ihre Angebetete nicht für sich allein haben. Sie kann zum Beispiel einer bestimmten Religionsgemeinschaft angehören. Vielleicht ist sie auch eine Sportlerin und trainiert oft stundenlang mit ihrem Lehrer (der sie überall anfassen darf und bei dem sie alles macht, was er sagt ...). Möglicherweise zieht sie sich manchmal einfach zurück und hängt ihren Phantasien nach, in denen es immer um eine bessere Welt geht. Eventuell müssen Sie sie mit einem Hund oder mehreren Katzen teilen, die genau wie Sie selbstverständlich am Abend in ihr Bett steigen. Auch ist es möglich, daß sie immer wieder von ihrem Idol erzählt, einem Schauspieler, einem Sportler, einem Musiker, die sie alle sofort heiratete, wenn sie vor ihrer Tür stünden.

All dies hat nichts damit zu tun, daß sie, die Schützefrau, Sie nicht genügend liebte. Sie braucht einfach diese Freiräume, sie geben ihr das Gefühl, nicht nur ein gewöhnliches, »stinknormales« Leben zu führen. Eine Schützefrau steht, bildlich gesprochen, mit einem Fuß hier auf dieser Erde und unmittelbar neben ihrem Mann. Mit dem anderen Fuß steht sie auf einem fremden Planeten, in einem Kloster im Himalaja oder in einem orientalischen Harem – daran müssen Sie sich gewöhnen, wenn Sie eine Schützin lieben.

Gewöhnungsbedürftig ist wahrscheinlich ihr Kartoffelsalat, der nicht im entferntesten an den Ihrer Mutter herankommt. Auch der Schweinebraten schmeckt zäh. Aber die Spaghettisauce, die diese Schützefrau auf den Tisch zaubert, ist perfekt, und die Nudeln sind *al dente*. Bei ausländischen Gerichten ist sie eben besser als Ihre Mutter. Die Geschichte mit dem Kartoffelsalat kriegt sie auch irgendwann geregelt. Aber den Schweinebraten müssen Sie wahrscheinlich ganz von Ihrer Speisekarte streichen: Tiere kommen bei einer richtigen Schützegeborenen früher oder später nur lebendig – das heißt als ihr Hund oder ihre Katze – in die Küche und wieder heraus.

Wovon Sie auch mit größter Wahrscheinlichkeit ausgehen können, ist, daß Sie eine Emanze an Ihrer Seite haben. Das heißt nicht unbedingt, daß sie aktiv in der Frauenbewegung tätig ist. Sie lebt das ganz praktisch, läuft meistens mit Hosen herum, findet Röcke »doof«, läßt sich partout nicht davon abhalten, Motorrad zu fahren, und denkt vielleicht ernsthaft darüber nach, am Sonntagmorgen, wenn Sie mit Ihren Kumpels Fußball spielen, im Tor einer Mannschaft zu stehen. Kommen Sie ihr auch nicht mit Attitüden von gestern, wonach ein Mann das Lokal zuerst betritt oder die Frau immer auf dieser oder jener Seite gehen läßt. Die Schützedame hält nicht viel vom klassischen Unterschied zwischen Mann und Frau, und sie stellt sich, wenn sie sich schon entscheiden muß, garantiert auf die Seite der Männer.

Wenn Sie aber eine Frau suchen, die Sie morgens schon wie der Sonnenschein anlacht, die mit Ihnen wandert und nicht nach zwei, drei

Kilometern zu jammern anfängt, wenn Sie davon träumen, einmal im eigenen Wohnmobil die Welt zu umrunden, und einen Beifahrer suchen, wenn Sie Sex nicht nur als »Befriedigung« verstehen, sondern bereit sind, ihn als ein magisches Vehikel zu betrachten, mit dem man in den Kosmos abheben kann, wenn Sie nächtelange Diskussionen über Gott und die Welt nicht fürchten, wenn Sie bereit sind, eventuelle Partnerprobleme auch einmal in einer gemeinsamen Therapie zu erörtern – dann haben Sie dafür die einzig richtige Frau.

UND SO KLAPPT'S MIT ALLEN ANDEREN

Im folgenden wird das Beziehungsspiel zwischen dem Schützen und den zwölf möglichen Partnern des Tierkreises durchleuchtet. Dazu muß etwas Grundsätzliches gesagt werden: Es gibt keine Kombination, die unmöglich ist. Mit anderen Worten, wenn Sie ein Schütze sind, können Sie mit allen, egal, ob Löwe, Waage oder Krebs. Allerdings verlangt jede Partnerschaft einen bestimmten Preis. Bei manchen Kombinationen heißt der Preis Ruhe oder Entspannung, bei anderen braucht man vielleicht mehr Zeit. Auch ist es von Fall zu Fall möglich, daß man mit einem bestimmten Partner in eine Krise gerät und dann etwas unternehmen muß, um die Krise gemeinsam zu bewältigen. Es gibt keine Kombination, die nur positiv ist. Es gibt allerdings solche, die bequemer sind als andere. Wer aber will entscheiden, ob Bequemlichkeit in jedem Fall ein erstrebenswertes Gut ist?

Schütze UND WIDDER

Beide sind Feuerzeichen, beide sind temperamentvoll und leidenschaftlich. Wenn sie zusammenkommen, so verdoppeln sich das Feuer und ihre Leidenschaft: Man ist dem Himmel nah, fühlt sich verstanden, geliebt, erfüllt ... Feuerzeichen sind aber auch besonders unabhängige Geschöpfe, die sich ungern festlegen. Diese Eigenschaft verdoppelt sich natürlich ebenfalls. Von daher ist die Beständigkeit nicht sehr groß. Es gibt allerdings auch Ausnahmen. So kenne ich zum Beispiel einen Schützemann und eine Widderfrau, die seit über zwanzig Jahren zusammenleben, viele Dinge gemeinsam machen, besonders häufig miteinander verreisen, aber zwischendurch immer wieder ganz eigene Wege gehen: Er lebt dann für längere Zeit im Ausland, während sie ihren Geschäften im eigenen Land nachgeht.

Schütze UND STIER

In dieser Verbindung wird es jede Menge Mißverständnisse geben, denn der typische Schütze ist ein Jäger, der seine Hauptbefriedigung darin findet, Beute zu jagen. Er braucht also jemanden an seiner Seite, der es versteht, ihn immer wieder aufs neue zu reizen, der Abwechslung schafft und mit ihm gemeinsam gegen die Alltagsroutine antritt. Dem Stier in Reinkultur wiederum ist nichts lieber als ebendiese Routine. Er hat auch kein Interesse an der Jagd nach Beute, sondern daran, das, was er einmal hat, zu bewahren und zu verteidigen. Daher ist ein Stier in der Regel nur dann bereit, eine Verbindung mit einem Schützen einzugehen, wenn er sich unerfüllt fühlt oder aus seinen gewohnten Bahnen ausbrechen will. Die Liebe dient dem Stier dann eher als Möglichkeit, sich aus einer unbefriedigenden Situation zu befreien. Der Schütze wiederum spielt nichts lieber als den Seelentröster, den Therapeuten, der auch ohne weiteres einmal einspringt, um einen Partner, der »es« nicht richtig »bringt«, würdevoll zu ersetzen. Aber in 99 von 100 Fällen läßt sich kein Schütze von einem Stier halten, auch wenn dieser ihm das Paradies auf Erden hinzauberte.

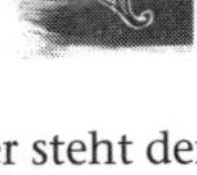

Schütze UND ZWILLINGE

Keiner steht dem anderen nach, wenn es darum geht, mit beißendem Wortwitz einander Paroli zu bieten – alles im Spaß, versteht sich. Aber unter der witzigen Oberfläche verbirgt sich eine wirkliche Spannung. Denn Zwillinge und Schütze liegen sich im Tierkreis genau gegenüber. Und derartige Zeichen ziehen sich kolossal an – stoßen sich aber auch ebenso kräftig ab. Oft ist dann Haßliebe die Folge, die durch die Geburt von Kindern eine entscheidende Stufe erlebt: Entweder ist jetzt die Spannung zu stark, und man trennt sich; oder die Kinder schaffen einen Ausgleich und bewirken somit, daß schließlich die harmonischen Aspekte überwiegen.

Schütze UND KREBS

Obwohl die Beziehung aus zwei gegensätzlichen Elementen – nämlich Feuer und Wasser – besteht, kommen Menschen mit diesen beiden Tierkreiszeichen ganz prima miteinander aus. Das beruht darauf, daß beide letztlich sehr einfühlsam, umsichtig und tolerant sind und daher aufmerksam miteinander umgehen. Dazu kommt, daß sich der Krebs sehr stark am Vergangenen orientiert und auch der Schütze dazu neigt, in Geschichten von damals Muster für das Hier und Jetzt zu erkennen. Einfacher gesagt: Man spricht die gleiche Sprache, mag die gleichen Storys, Filme und Bücher und findet so sehr viel Stoff, sich zu unterhalten. Ein großes Problemthema gibt es allerdings auch, es heißt »Beständigkeit und Treue«. Denn der Krebs ist ein Beutehalter, was er einmal in seinen Zangen hat, das gibt er nicht mehr her. Der Schütze hingegen ist ein Jäger, für den das, was er noch nicht besitzt, allemal wichtiger ist als das, was er schon kennt und hat. Mit tragischen Eifersuchtsdramen ist also zu rechnen. Der Krebs gewinnt in der Weise an Boden, wie es ihm gelingt, den Schützen am Herzen zu berühren – indem der Schütze sieht, wie sehr der Krebs unter den Eskapaden seines Partners leidet.

Schütze UND LÖWE

Sie gehören beide zum gleichen »Clan« bzw. Element, nämlich dem des Feuers. Das macht sie einander sehr ähnlich: Sie sind feurige, leidenschaftliche, lebendige, aktive, unternehmungsfreudige, extravertierte Wesen. Beide sind sich ebenbürtig. Der Löwe ist zwar selbstbewußter und selbstsicherer als der Schütze, dieser wiederum fühlt sich dem Löwen aber insofern überlegen, als er viel weiter im Tierkreis fortgeschritten ist und das, was der Löwe in diesem Leben gerade erfährt, bereits als Erfahrung in sich trägt. Man ergänzt sich, und man versteht sich also. Woran es allerdings dieser Beziehung fehlt, ist das Polarisierende und Andersgeartete. Mit anderen Worten, beide Menschen sonnen sich im eigenen und im Glanz des anderen und versuchen, sich in der Kunst des guten und erfolgreichen Lebens möglichst zu überbieten. Aber es fehlt der Widerspruch und damit die Spannung, die eine Partnerschaft auf Dauer lebendig hält. Daher sollte man in dieser Beziehung nicht auch noch bestehende kleine Unterschiede und Spannungen großzügig überspielen, sondern den Zeigefinger darauf legen und sie aufarbeiten.

Schütze UND JUNGFRAU

Bei dieser Beziehung gibt es häufig ganz schnell einen Verlierer. Entweder ist es die Jungfrau, weil sie sich gegenüber dem pompösen, prächtigen, weltoffenen, feurigen Schützen wie ein Mauerblümchen vorkommt, das der Schütze bei nächster Gelegenheit vergißt. Oder es ist der Schütze, der von der Jungfrau gnadenlos niedergemacht wird, weil er wieder einmal dabei ertappt wird, daß er an ein Hirngespinst glaubt. Hier geistiger Höhenflug – dort praktischer Realismus. Hier Horizonterweiterung – dort Horizontbegrenzung. Hier Abschied von der vordergründigen Welt der fünf Sinne und Hinwendung zu esoterischen Räumen – dort klare Beschränkung auf das, was nun einmal ist. Es bestehen allerdings auch viele kleine Brücklein zwischen den beiden Tierkreiszeichen, wovon der Humor ein ganz besonderes ist. Ich kenne ein als Therapeuten arbeitendes Ehepaar mit dieser Konstellation. Sie leben seit über zehn Jahren zusammen und führen gemeinsam Managementseminare durch. Ich habe sie einmal in einem Seminar erlebt, wie sie gegeneinander Position bezogen und sämtliche Teilnehmer schon fast in Panik gerieten, weil sich ihre beiden Leiter dermaßen in die Wolle bekamen. Dann machte irgend jemand einen Witz, und die Konfrontation entlud sich in befreiendem Gelächter …

Schütze UND WAAGE

Sie verstehen sich auf Anhieb, sind beide extravertiert, lieben Kontakt und haben eine positive Einstellung zum Leben. Obendrein bilden sie ein tolles Reiseteam, das zusammen auch den Globus umrunden könnte. Zu Spannungen kann es infolge ihrer unterschiedlichen Auffassung in puncto Stil und Geschmack kommen. Diesbezüglich ist der Schütze nämlich ein echter Ignorant. Vor lauter Beschäftigung mit innerem Wert und seiner besseren Welt, die irgendwo weit vor ihm liegt, vergißt er gelegentlich, was unmittelbar vor seiner Nase ist, verwechselt Lässigkeit und Nonchalance mit Schlamperei und Unhöflichkeit. Und genau hier kollidiert er mit der Welt der Waage, der Stil und Geschmack über alles geht. Der Konflikt läßt sich noch am ehesten vermeiden, wenn beide ihr eigenes Leben führen und sich nur gelegentlich treffen. Schwierig, aber nicht aussichtslos wird es, wenn sie eine gemeinsame Wohnung nehmen.

Schütze UND SKORPION

Der experimentierfreudigen Schützenatur kommt die sexuelle Energie des Skorpions sehr entgegen. Als Liebespaar sind die beiden daher unglaublich stark. Eine Partnerschaft steht allerdings auf einem ganz anderen Blatt. Denn der Schütze ist offen und flexibel, er findet erst so richtig zu sich, wenn er etwas Neues entdeckt, wenn Ungeplantes geschieht. Er ist vergleichbar einem Abenteurer, der ein neues Land bereist, das ihn ständig mit unvorhersehbaren Eindrücken konfrontiert. Der typische Skorpion hingegen hat feste Vorstellungen vom und fixe Einstellungen zum Leben. Neue Eindrücke werden von ihm nur insofern verarbeitet, wie sie zu seinem bisherigen Leben passen. Das hat natürlich Konsequenzen für den ganz praktischen Alltag. Man mag häufig nicht das gleiche, muß um Kleinigkeiten lange diskutieren, und jeder Entscheidungsprozeß kostet Zeit. Am ehesten klappt diese Partnerschaft, wenn eine klare Rollenteilung besteht, zum Beispiel die ganz »klassische«, daß der Schützemann die äußeren Belange vertritt, also arbeitet und Geld nach Hause bringt, während die Skorpionfrau die inneren Angelegenheiten, die Erziehung, die Gestaltung der Wohnung und dergleichen übernimmt. Es ist aber auch möglich, daß beide arbeiten und in der Karriere ihr wichtigstes Terrain zur Selbstverwirklichung sehen.

Schütze UND SCHÜTZE

Wenn beide Partner demselben Tierkreiszeichen angehören, so bedeutet das immer auch, daß man im anderen etwas Vertrautes und damit Schutz findet. Es ist, als käme man nach Hause. Daher verspürt jeder wohl unbewußt den Wunsch, einem Menschen desselben Tierkreiszeichens näherzukommen. Besonders zu den ersten Partnerschaften zählen häufig solche mit denselben Tierkreiszeichen. Je älter man allerdings wird, je mehr partnerschaftliche Erfahrungen man gemacht hat, um so größer wird der – wiederum mehr oder weniger unbewußte – Wunsch, Menschen mit anderen Tierkreiszeichen zu begegnen, um Neues kennenzulernen und durch die Integration des anderen zu wachsen und selbst vollständiger zu werden. Zwei Schützen gehören meines Erachtens zu den Kandidaten, die es vielleicht am längsten miteinander aushalten. Denn beide sind sehr tolerant, so daß jeder dem anderen seine Eigenart zugestehen kann. Günstig ist es allerdings, wenn die Aszendenten oder die Mondpositionen der Partner eine mehr »erdhafte« Zuordnung der Elemente haben. Denn irgendwo muß in dieser Beziehung auch etwas Festes und Bodenständiges erscheinen, sonst treiben die beiden womöglich auseinander wie zwei Luftballons.

Schütze UND STEINBOCK

Diese Kombination läuft in fast allen Fällen auf einen Zweikampf zwischen Antrieb und Hemmung hinaus: Der typische Schütze braucht Ziele, etwas, worauf er sich zubewegen kann. Er muß in Bewegung bleiben, weil das seine Urmotivation ist, durch die er zu sich findet und bei sich bleiben kann. Ein waschechter Steinbock hingegen reglementiert alles und setzt verbindliche Maßstäbe. Er muß schon zuvor genau das Resultat kennen, um überhaupt mit einer Aktion zu beginnen, während der Schütze erst einmal loslegt und dann schon feststellen wird, was dabei herauskommt. Es ist ein kolossaler Gegensatz, der meistens dazu führt, daß sich weder der Schütze noch der Steinbock genügend angenommen (geliebt) fühlt. Positive Lösungen sind selten und gelingen meistens nur dann, wenn sich die Partner hinsichtlich ihrer Mondzeichen oder Aszendenten eher entsprechen.

Schütze UND WASSERMANN

Der Schütze bringt Feuer und damit Wärme und Inspiration. Das alles wirkt auf den Wassermann wie literweise Kaffee, wie ein Aphrodisiakum: Er wird noch angeregter, lebendiger, genialer ... und verliebter. Der Schütze wiederum profitiert von der Selbstsicherheit des Wassermanns. Eigentlich hat dieses Paar nur ein einziges Problem, nämlich mangelnden Bodenkontakt. Beide leben so stark in der Phantasie – im Geist, in der Zukunft, überall anderswo, nur nicht hier und jetzt auf dieser Erde –, daß eine Partnerschaft auf Dauer große Probleme aufwirft, weil jeder beim anderen die mangelnde Erde und damit Sicherheit sucht. Ich habe einmal mit einem derartigen Paar über längere Zeit eine Partnertherapie durchgeführt, bei deren Erfolg letztlich der »Zufall« entscheidend war: Die beiden bekamen ein Kind, und zwar ein Erdzeichen, nämlich einen Stier.

Schütze UND FISCHE

Meistens schaffen diese beiden Tierkreiszeichen in ihrer gemeinsamen Beziehung eine Atmosphäre voller Mißverständnisse. Das vorherrschende Element des Schützen ist Feuer. Fische wiederum gehören dem Wasser»clan« an. Und während es zwischen Wasser- und Feuersymbolik zuweilen durchaus zu einer explosiven Mischung kommen kann, die sehr aufregend und vielversprechend ist, entsteht bei der Verbindung Schütze–Fische meistens nichts als heiße Luft. Dem Fischegeborenen ist der Schütze viel zu aufgeblasen, dem Schützen wiederum ist der Fischepartner zu weltfremd und vor allem zuwenig aktiv. Im tiefsten Kern beruht das Mißlingen dieser Beziehung allerdings auf einer unbewußten gegenseitigen Mißachtung. Und genau hier könnte auch die Partnertherapie ansetzen, wenn sich zwei solche Menschen trotzdem aneinandergewagt haben und die Zweisamkeit suchen: Sie müssen beide lernen, sich gegenseitig deutlicher zu signalisieren, daß sie sich lieben.

Gesundheit UND FITNESS

In der astrologischen Medizin ordnet man jedem Tierkreiszeichen andere Körperregionen, physiologische und psychologische Funktionsweisen und entsprechende Krankheitsdispositionen zu. Dies bedeutet, es bestehen verschiedene Neigungen zu unterschiedlichen Störungen und Erkrankungen; das heißt aber noch lange nicht, daß bei jedem Tierkreiszeichen auch tatsächlich die ihm im folgenden zugeordneten Krankheiten auftreten werden.

Körperliche Entsprechungen Oberschenkel, Hüfte, Lende, Beweglichkeit, Großmotorik der Beine und Hüftgelenke
Psychologische Entsprechungen »Horizont«, Einsicht, Optimismus, Glaube, Zielsetzung
Krankheitsdispositionen Unfallverletzungen an den Oberschenkeln und der Hüfte, Gehstörung, Lähmung, Hüftgelenksabnutzung, Ischias, Rückenschmerzen, Bandscheibenbeschwerden, Krampfadern

TYPISCHE KRANKHEITEN DER SCHÜTZEN

Der Schütze neigt zu den verschiedensten Beschwerden im Zusammenhang mit der Grobmotorik (unteres Rückgrat, Hüfte, Oberschenkel). Damit Sie die Logik, die hinter diesen Zusammenhängen steckt, und die psychosomatischen Ursachen der Symptome besser kennenlernen können, seien hier einige wichtige und häufige Probleme von Schützen genannt.

Hüftgelenksprobleme als Folge des ungelebten eigenen Potentials

Die häufigsten »Symptome« des Schützearchetypus sind Deformierungen der Muskeln und Versteifungen sowie Verknöcherungen der Hüftgelenke. Das Wort »Symptome« steht in Anführungszeichen, weil der Prozeß so langsam und schleichend vor sich gehen kann, daß viele glauben, dies hinge mit dem Älterwerden zusammen.
Körpertherapeuten kennen zahlreiche Ausdrücke für solche Veränderungen der Muskeln: Sie bezeichnen sie als »verspannt, verklebt, verkürzt, verhärtet oder überdehnt«. Und mit jeder Muskelveränderung kommt ein Stück Seßhaftigkeit hinzu. Der Mensch verharrt immer mehr an der Stelle, wird mutlos, risikoscheu und bequem – allesamt dem Schützeprinzip zuwiderlaufende Eigenschaften.
Als weitere körperliche Anzeichen treten zunächst Fettpolster an der Hüfte auf und später der bekannte »Rettungsring« am Bauch. Dann wird das Gesäß größer und schwerer. Gleichzeitig verlieren die Beine und die Hüfte ihre Beweglichkeit.
Schützekinder sind besonders lebendig und beweglich. Sie beginnen früher als andere zu stehen und zu laufen und finden jede Barriere (den Laufstall zum Beispiel) als Hemmung und Einengung. Eltern solcher Kinder haben es nicht immer leicht, auf den »Forscherdrang« adäquat zu reagieren. Oft greifen sie aus Angst, ihrem Kind könnte etwas zustoßen, zu häufig in seine notwendigen Freiräume ein. Dieser Regulierung fallen dann nicht nur körperliche Bewegungen, sondern auch geistige Regungen zum Opfer. Schützekinder wollen alles wissen.
Schützemenschen, die in ihrer Kindheit zuwenig dabei unterstützt wurden, bekannte Horizonte zu überschreiten, also die Dinge zu hinterfragen, und bei »Grenzverletzungen« womöglich sogar bestraft wurden, scheinen diese Erlebnisse in ihren Muskeln abzuspeichern. Sie werden

Zu jedem Tierkreiszeichen gehören bestimmte Organe und Malaisen

zu einem Depot für ungelebtes Leben, verformen sich, unterdrücken ihren Tonus oder erschlaffen. Werden diese Muskeln in einer Körpertherapie in sachkundiger Weise wiederbelebt, dann erhält der Klient im Idealfall seine ursprüngliche Kraft zurück. Als wäre sein Schützepotential über Jahre hinweg eingefroren gewesen, taut es jetzt auf und steht dem Erleben und dem Körper als lebendige Kraft zur Verfügung.
In unserer Gesellschaft werden Mädchen immer noch in viel stärkerer Weise dazu angehalten, ihr Schützepotential zu unterdrücken oder auf geistige Ebenen zu lenken. In der medizinischen Statistik sind Hüftprobleme (zum Beispiel Hüftoperationen mit Gelenkersatz) und Krampfadern bei Frauen häufiger anzutreffen als bei Männern. Frauen müssen sich daher ganz besonders gegen solche Beeinträchtigungen zur Wehr setzen und ihre eigenen Mittel und Wege finden, um einer Verformung ihres Bewegungsapparates infolge einer Unterdrückung ihres Schützepotentials vorzubeugen.

Krampfadern – unterdrückter Bewegungsdrang

Das Blut fließt nicht nur durch die Pumpbewegung des Herzens vom Körper wieder zum Herzen, es wird auch in den Venen dadurch zurückgepreßt, daß sich die Muskeln zusammenziehen. Die Venen haben ventilartige Klappen, damit das Blut dabei nicht die falsche Richtung einschlägt. Funktionieren diese Klappen aus irgendeinem Grund nicht richtig, wird ein Teil des Blutes, das eigentlich zum Herzen soll, in denjenigen Venen angestaut, die an der Oberfläche der Muskeln liegen, und es entstehen sogenannte Krampfadern. Eine der häufigsten ihrer Ursachen ist Bewegungsmangel.
Die medikamentöse Behandlung mit Venenmitteln hat wenig Aussicht auf Erfolg, sinnvoll sind im akuten Fall allein zwei medizinische Maßnahmen, nämlich das Veröden oder das Herausziehen der Venen. Danach muß man mehrere Wochen Kompressionsstrümpfe tragen und sich soviel wie möglich bewegen. Die Aufgabe der nun ausgefallenen Venen übernehmen die noch vorhandenen.
Eine Verkäuferin, die ununterbrochen hinter dem Ladentisch steht, oder ein Kassierer, der den ganzen Tag über sitzt, neigen eher zu Krampfadern als ein Mensch, der sich – zum Beispiel seinem Schützenaturell gemäß – den ganzen Tag über bewegt.
Dem eigentlichen Problem rückt man mit den oben beschriebenen medizinischen Maßnahmen folglich nicht zu Leibe, was dadurch be-

stätigt wird, daß auch danach immer wieder die gleichen Symptome auftreten können. Krampfadern bei Schützemenschen sind vielmehr auch ein Zeichen dafür, daß die Betroffenen ihre angeborene Neugierde, ihre Wanderlust, ihren Drang nach Freiheit nicht genügend leben. Ihre bläulichen Venen zeigen ihnen wie in einem Spiegel, daß sie »seßhaft« geworden sind und nicht mehr ihrem inneren Ruf folgen.

Sportverletzungen und die Einheit von Körper und Geist

Das Ideal der sportlichen Betätigung ist ein fairer Wettstreit im Einklang von gesundem Geist und gesundem Körper. *Mens sana in corpore sano* (»Ein gesunder Geist [sei] in einem gesunden Körper«), heißt es in den *Satiren* des römischen Dichters Juvenal. Sportunfälle und -verletzungen sollten daher auch unter dem Aspekt betrachtet werden, daß die Einheit von Körper und Geist und das Eingebettetsein in eine höhere Ordnung vor allem beim Leistungs- und Extremsport verlorengegangen sind, mit anderen Worten, daß hier der »Körpermensch« über den »Geistmenschen« triumphiert und der Unfall ein Versuch ist, die verlorene Einheit wiederherzustellen (man denke beispielsweise an das bereits mehrfach zitierte Bild vom Zentauren).

Eine meiner Klientinnen, eine Schützin, brach sich bei einem Sprung vom Kran in ein Netz (eine dem Bungeespringen ähnliche Extremsportart) einen Lendenwirbel. Sie entging haarscharf einer Querschnittslähmung, mußte aber vier Wochen bewegungslos im Krankenhaus liegen. In dieser Zeit begann sie notgedrungen zu lesen, was sie seit Jahren nicht mehr getan hatte. Dabei fielen ihr auch Bücher über Psychologie in die Hand. Sie war derart fasziniert, daß sie sich, nachdem sie wieder gesund war, sogar dazu entschloß, dieses Fach zu studieren.

Aus all den bisher genannten Gründen sollten sich Schützemenschen deshalb nach Unfällen oder bei Problemen an ihren Hüften und Oberschenkeln (Gehstörungen, Lähmungen, Hüftgelenksabnutzung, Ischias, Rückenschmerzen, Krampfadern und Bandscheibenproblemen) mit folgenden Fragen aufrichtig und konsequent auseinandersetzen:

- Lebe ich gemäß meinem Ideal von körperlich-seelischer Einheit?
- Bewege ich mich ausreichend?
- Bringe ich meinem Körper und meinem Geist genügend Aufmerksamkeit entgegen?

- Wie halte ich meinen Geist lebendig?
- Überschreite ich Horizonte?
- Erlaube ich mir die für mich wichtige Freiheit, öfter zu verreisen?
- Lege ich mir unnötige Beschränkungen auf?

WIE SCHÜTZEN GESUND BLEIBEN

Das Wichtigste für Schützen ist Bewegung. Keine andere, noch so tiefgreifende vorbeugende Therapie oder Maßnahme hat eine derartige Bedeutung wie diese einfache Aufforderung: Schützemenschen müssen sich bewegen. Geeignete Sportarten sind für sie Jogging, Schwimmen und Gymnastik.

Allerdings reicht dies nicht aus. Eine sture, mechanische Bewegungsabfolge ist für einen Schützen zuwenig. Er muß darüber hinaus seinem inneren Ruf folgen und Bewegungen über größere Entfernungen hinweg ausführen, um nicht krank zu werden. Ein Schütze fühlt sich sofort besser, wenn er in einem fahrenden Zug sitzt oder gar in einem Flugzeug von der Landebahn abhebt. Von Zeit zu Zeit ist daher eine Ortsveränderung unerläßlich für jeden Schützetyp.

Auch Schütze*kinder* brauchen mehr Auslauf und Freiheit als ihre anderen Altersgenossen. Das sollten Eltern bei der Erziehung unbedingt berücksichtigen. Etwas Risiko gehört einfach zu einem Schützeleben. Das ist meistens nicht so gefährlich, wie man meint. Viel riskanter ist es, das Potential des Sprößlings zu unterdrücken und damit dafür zu sorgen, daß er später, als Erwachsener, ein geistig und körperlich verhärteter Schütze wird.

Seelische Selbsterfahrung

Für Schützemenschen ist es beinahe so etwas wie eine Pflicht, Körper und Geist ständig zu trainieren und weiterzuentwickeln. Die zahlreichen Selbsterfahrungsgruppen etwa bieten für die seelische Entfaltung ein weites Feld.

Das heißt in gar keiner Weise, daß der Schützemensch eher Hilfe braucht als die Vertreter anderer Tierkreiszeichen. Im Gegenteil, er ist in aller Regel optimistisch genug, sich selbst aus einer dramatischen

Mars, der Powerplanet, verleiht Fitneß und Kraft

oder problematischen Situation herauszuholen. Aber er ist ungeheuer lern- und wißbegierig und will mit seinem Körper und seiner Psyche experimentieren.

Körperarbeit

Bei Haltungsschäden, Muskelverspannungen, Rückenschmerzen oder einer Bandscheibensymptomatik bringen mehrmalige Körperbehandlungen oft große Erleichterung. Auch Massagen (Sportmassage, klassische Massage und dergleichen mehr) bewirken bei Schützemenschen oft kleine Wunder, da ihr Körper jede Aufmerksamkeit dankbar annimmt. Bei Rückenschmerzen bewähren sich außer Massagen auch warme Bäder, Trockenbürstungen, warme Auflagen, eventuell auch mit Fangopackungen. Gegen Krampfadern helfen Bewegung und häufiges Hochlagern der Füße. Ein wunderbares Mittel gegen Versteifung und Erschlaffung der Hüften ist der Bauchtanz.

DIE APOTHEKE DER NATUR

Nach dem universell gültigen Analogieprinzip hätten Heilkräuter, die im November/Dezember, also zur Zeit des Schützen, wüchsen oder reif würden, eine besonders günstige Wirkung auf »Schützeerkrankungen«. Im Dezember ist der Kräutersegen der Natur allerdings vorüber. Nur die Blätter des Efeus werden jetzt noch gesammelt. Als Auflage wirken sie lindernd bei Krampfadern, und als Tee unterstützen die Blätter die innere Reinigung. Ebenfalls gegen Krampfadern kommen Beinwurz, Kürbis, Löwenzahn und Petersilie zum Einsatz. Um den Muskeln wohlzutun, reibe man die Haut am besten täglich morgens nach dem Aufstehen mit einem Öl aus Johanniskraut ein. Menschen, die im Einklang mit der Natur leben wollen, reduzieren im Dezember auch die Menge ihrer Nahrungsaufnahme und stellen sich mehr auf eine stille und geistig orientierte Zeit ein.

DIE RICHTIGE DIÄT FÜR SCHÜTZEN

Der Schütze geht immer ein bißchen über seine Grenzen, auch beim Essen. Es gibt daher so einige Vertreter dieses Tierkreiszeichens, die sich mit der Zeit eine gewichtige Körperfülle zulegen. Aber noch viel dringender, als ihre »Futtermenge« zu reduzieren, ist es für sie, sich zu bewegen. Für Schützen, die zu viele Pfunde auf den Rippen haben, kann also nur eine »Kombidiät« sinnvoll sein, nämlich dergestalt, daß sie sich jeden Happen verdienen müssen – und zwar durch Bewegung. Konkret sieht dies so aus, daß ein Schütze sich nur dann an einen Tisch setzen und nach Messer und Gabel greifen darf, wenn er sich zuvor bewegt hat. Klar, mit »Bewegung« sind nicht zehn Kniebeugen oder fünf Liegestütze gemeint, sondern – zumindest vor der Hauptmahlzeit – eine Stunde Tennis, eine Stunde Jogging oder eine Stunde schweißtrei-

bendes Training am Fitneßgerät. Zum Trost, und ich habe dies selbst bei einigen Schützen miterlebt, man kann nach einer derartigen Verausgabung beim Essen richtig zulangen und nimmt trotzdem ab, zumindest wenn man es über einen längeren Zeitraum betreibt.
Es gibt allerdings noch einen anderen Typ Schützen, der nicht rundlich, sondern hager ist. Es sind Schützen, die den ganzen Tag von einem Termin zum nächsten hetzen, dazwischen schnell irgendein Fastfood-Produkt in sich hineinschlingen, nie richtig Zeit haben, also im Dauerstreß leben. Klar, von einem solchen Menschen zu verlangen, sich auch noch im Fitneßstudio abzustrampeln, wäre fatal. Er muß nicht abnehmen, sondern seinen Körper und Geist beruhigen. Für ihn sind ruhiges Sitzen und innere Sammlung vor und besonders während des Essens die bessere »Diät«.
Toll reagieren Schützen auch auf eine »Fasten-und-Wandern-Diät«. Man schnürt dafür seinen Rucksack und zieht los, zwei, drei Tage, während denen man gar nichts ißt oder nur Früchte zu sich nimmt und natürlich in beiden Fällen viel, viel frisches Quellwasser trinkt.

Beruf UND KARRIERE

IMMER UNTERWEGS ...

Reisen und alles, was im weitesten Sinne mit Touristik zu tun hat, gehört zum Metier des typischen Schützen. Ich kenne mehrere Vertreter dieses Tierkreiszeichens, die auf dem Gebiet erfolgreich arbeiten. Zum Beispiel Hans: Er verdiente sich sein Studium als Animateur in Mallorca. Heute besitzt er eine Firma, die sich auf Reisen im Zusammenhang mit Selbsterfahrung spezialisiert hat. Vor zirka zehn Jahren pries er seine drei Sommerveranstaltungen noch mit auf der Kopiermaschine vervielfältigten losen Blättern an. Heute verschickt er eine farbige Broschüre, in der über hundert Veranstaltungen in der ganzen Welt angeboten werden. Johanna und Gertrud hielten sich jahrelang während ihrer Ferien auf einer griechischen Insel auf. Dabei entstand eines Tages die Idee, zusammen mit einem griechischen Hotelanbie-

ter Reisen von Deutschland aus zu organisieren. Dieses Hotel ist heute die ganze Saison über von Mai bis Oktober ausgebucht.
Das zweite Lieblingsfach von Schützen ist Sport. Sie werden gern Leistungssportler, Sportlehrer, Schiedsrichter und so weiter, und sie haben, wenn sie im Handel tätig sind, gern mit Sportartikeln zu tun. Sogar falls es zunächst so scheint, als hätte ihr Beruf nichts mit dieser Branche zu tun, entstehen im Lauf der Tätigkeit häufig Berührungspunkte. So kenne ich einen Modedesigner, der nach über zehnjähriger Tätigkeit als freier Designer eines Tages den Auftrag erhielt, Sportbekleidung zu entwerfen, und von da an äußerst erfolgreich war. Ein anderes Beispiel ist ein Werbeleiter und Marketingdirektor, der ebenfalls über Umwege dazu kam, Events für außergewöhnliche Sportarten wie Rollerbladelaufen oder Bungeespringen zu organisieren – und das natürlich mit großem Erfolg.
Manchmal sage ich, auf Schützen trifft das alte Sprichwort »Ein Prophet gilt nichts im eigenen Land« zu. Ich meine damit, daß sie um so besser werden, je weiter sie sich von ihrer Heimat wegbewegen. Das gilt auch fürs Arbeiten im Ausland. Ich kenne einige Schützen, die erst in der Fremde richtig erfolgreich wurden. Zum Beispiel Johanna: Sie ist Italienerin, absolvierte in Mailand eine Hotelfachschule und versuchte anschließend ihr Glück in verschiedenen Restaurants, Bars und Hotels. Aber erst als sie nach Deutschland kam, schaffte sie den Sprung. Sie war zunächst Barkeeperin in einem bekannten Münchner »Schickimickischuppen« und eröffnete dann zusammen mit einem Partner ein eigenes Lokal, das großen Erfolg hatte. Weil ihr aber die nächtliche Arbeit auf Dauer gegen den Strich ging, verpachtete sie ihr Lokal und bewarb sich bei einem Münchner Sportverein als Organisatorin und Managerin. Auch dort ist sie heute sehr erfolgreich.
Anna ist eine weitere Schützin, die ich erwähnen möchte, weil sie meiner Meinung nach einen für Schützen typischen beruflichen Werdegang durchlaufen hatte, bis sie das zu ihr passende Betätigungsfeld fand – allerdings ging sie den Außenseiterweg.
Anna war zunächst Stewardeß. Flugbegleiter(in) oder gar Pilot(in) ist außer für Wassermänner gerade für Schützen ein ausgesprochener Traumberuf. Für ein Flugzeug existieren quasi keine Grenzen, und man ist dem Himmel näher. Anna flog sieben Jahre durch die Welt. Dann ließ sie sich aus gesundheitlichen Gründen umschulen und wechselte zum Bodenpersonal (Flugauskunft und Ticketverkauf). Irgendwann hatte sie die ihr affektiert und künstlich erscheinende Welt

in einem Flugzeug gründlich satt gehabt. Auch ihre neue Tätigkeit verschaffte ihr nun immer weniger das Gefühl, das zu tun, wofür sie eigentlich bestimmt war. Auf ihrer Suche nach einer befriedigenderen Arbeit kam sie denn auch zu einem meiner psychologischen Seminare.
Sofort fing ihr Herz Feuer. Sie beschloß, koste es, was es wolle, einen Beruf zu ergreifen, in dem sie anderen helfen könnte (siehe auch unten: »Der Traum vom Helfer ...«). Damit begann eine lange Odyssee. Zunächst mußte sie ihren Job bei der Fluggesellschaft kündigen. Diese war eh gerade bestrebt, Personal abzubauen, weswegen Anna das Glück hatte, mit einer guten Abfindung im Gepäck aus deren Diensten zu treten. Dieses Geld steckte sie in verschiedene Weiterbildungsveranstaltungen. Schließlich hörte sie von der Möglichkeit, in den USA ohne einen besonderen Schulabschluß Körpertherapie studieren zu können. Sie zog in die Staaten und drückte für zwei Jahre die Schulbank. Im Anschluß daran kehrte sie nach Deutschland zurück, stellte aber fest, daß ihr toller Titel hier nichts galt. Daher begann sie noch eine Ausbildung als Heilpraktikerin. Bald nach der Abschlußprüfung lernte sie einen italienischen Arzt kennen, der ihr vorschlug, in seiner Rehaklinik nahe bei Mailand zu arbeiten. Dort lebt und arbeitet sie nun seit mehreren Jahren.
Für einen Schützen ist ein Beruf um so interessanter, je mehr Bewegung, Freiheit und Selbständigkeit er bietet. Ein Job, bei dem er den ganzen Tag sitzen und ausschließlich seinen Kopf beanspruchen muß, ist Gift für ihn. Das »Tier« in ihm kommt dadurch zu kurz und wird irgendwann protestieren, indem es dem Schützegeborenen Schmerzen bereitet. Die richtige Mischung aus Bewegung und geistiger Schöpferkraft ist für ihn das A und O eines erfüllten und erfolgreichen Berufslebens. In jedem Schützen schlummert ein Jäger, ein Abenteurer, er braucht daher einen Beruf, der wenigstens ein gewisses Quantum an Aufregung und Ungewißheit mit sich bringt, sonst schläft seine Seele förmlich ein.
Ich kenne einen Schützen, der Drehbuchautor ist. Er verbringt mehr oder weniger acht Stunden täglich vor dem Computer, schreibt, kommuniziert übers Internet, telefoniert. Aber alle paar Stunden steht er auf und geht in einen Raum, der unmittelbar an sein Büro grenzt. Dort befinden sich Fitneßgeräte. »Niemand kann mehr geistige Klimmzüge schaffen, als er mit seinem Körper packt«, so lautet eine seiner Devisen.

Der Tierkreis steht symbolisch für sämtliche Belange des Lebens

DER TRAUM VOM HELFER UND GROSSEN »MAGIER«

Helfer zu werden ist der Wunschtraum vieler Schützen, sei es nun als Priester, Psychologe, Therapeut, Astrologe, Sozialarbeiter, Laienhelfer oder Managementberater. Da Schützen optimistisch veranlagt sind, fällt es ihnen leichter als manch anderen, ihren Mitmenschen ein gewisses Quantum an Stärke, Hoffnung oder Trost zu vermitteln. Daß der Arztberuf, insbesondere als Veterinär, Schützen sozusagen in die Wiege gelegt ist, habe ich schon an früherer Stelle gesagt. Schützen werden allerdings solche Heiler, die den Patienten die tieferliegenden seelischen Probleme, die zu einer Krankheit geführt haben, bewußtmachen und Einsichten vermitteln. Es sind wohl kaum derartige Mediziner, die lediglich die Symptome mit Medikamenten unterdrücken oder operativ beseitigen, ohne das eigentlich zugrundeliegende Problem zu erkennen. Ein Mensch, der an Magenbeschwerden leidet, bekommt von einem Schützearzt immer mehr als nur ein Medikament, er zeigt ihm nämlich Perspektiven auf, wie er sich selbst besser erkennen kann und sein Leben ändern muß, um psychisch zu gesunden. Denn nur so besteht die Aussicht, auf Dauer geheilt zu werden. Ist die Seele im Gleichgewicht, braucht sie den Körper nämlich auch nicht mehr als Bühne, um über Krankheitssymptome auf ihre Qualen aufmerksam zu machen.

Schützegeborene sind Magier und Phantasten. Sie bringen das Kunststück fertig, ihre Vorstellungswelt derart glaubhaft zu gestalten, daß man ihnen ihre Kreationen ohne weiteres abkauft. Denken Sie beispielsweise an die Geschichte des jungen Herumtreibers und Lebenskünstlers aus dem Roman *Abenteuer und Fahrten des Huckleberry Finn* vom Schützeautor Mark Twain. Wenn Sie dieses Buch lesen, fühlen Sie sich mitten hineinversetzt in die Welt der unteren amerikanischen Bevölkerungsschicht zum ausgehenden 19. Jahrhundert. Oder denken Sie an Steven Spielbergs – auch er ist Schütze – phantastische Filme wie »E.T.« oder »Jurassic Park« bzw. an den »unsterblichen« Walt Disney, von dem ich schon an anderer Stelle sagte, daß er ein Schütze ist.

Die Welt der Literatur und des Films jedenfalls ist (außer für Zwillinge und Wassermänner) immer auch ganz besonders für Schützen gemacht: Sie sind Autoren, Drehbuchschreiber, Regisseure, Verleger und wer sonst noch alles dazugehört, wenn man ein Buch oder einen Film unter die Leute bringen will. Und natürlich war und ist die Bühne die Mutter aller verzauberten und phantastischen Räume. Sämtliche Tätigkeiten, die damit zusammenhängen, sind Lieblingsfächer von Schützegeborenen: Schauspieler, Sänger, Komponisten und so fort.

Auch die Werbebranche ist eine beliebte Spiel- und Zauberwiese, auf der sich Schützen tummeln. Seinen Job umschrieb ein »Werbeschütze« während einer Sitzung bei mir einmal mit den folgenden Worten: »Was ich meinen Kunden mit Hilfe der Werbung verspreche und suggeriere, ist eine eigene Welt und viel mehr wert als das Produkt, das dabei unter die Leute gebracht werden soll.«

Von der Welt der Phantasie ist es vielleicht nur noch ein Schritt zur Welt der Forscher, Philosophen und Wissenschaftler. Im Grunde steckt in jedem Schützen ein Gelehrter und Entdecker auf der Suche nach Wahrheit, ein Abenteurer, der sich die Welt auf seine Art zu eigen macht. Auch zu juristischen Berufen besteht eine starke Anziehung. Allerdings – das habe ich jedenfalls festgestellt – werden Schützen lieber Verteidiger und Richter als Staatsanwälte. So können sie ihren Gerechtigkeitssinn und ihre Liebe für andere besser in ihren Beruf integrieren.

DAS ARBEITSUMFELD UND DIE BERUFE DER SCHÜTZEN

Wo arbeiten Schützen am liebsten?

Schützen betätigen sich mit Vorliebe in einem beruflichen Umfeld, in dem durch Einsicht heilende Kräfte geweckt werden, die Psyche erforscht und dargestellt wird und Verstehen wichtig ist. Geht es um Gesundheit, Vorsorge, Therapie, Heilung und Pflege, sind Schützegeborene in ihrem Element, ebenso da, wo es um Touristik, Sport, Ausland und Reisen geht. Schützen sind mit ganzem Herzen dabei, wenn Tiere gezüchtet, aufgezogen, gepflegt, versorgt und behandelt werden sollen. Sie bevorzugen auch Berufe in Zusammenhang mit der Rechtsfindung und Rechtsprechung, ebenso im Film- und Verlagsgewerbe. Müssen Menschen überzeugt und gewonnen oder Reformen durchgesetzt werden, stehen Schützen in der ersten Reihe, ebenso da, wo es um Religion und Glauben geht und wo Forschung und Wissenschaft eine Rolle spielen.

Berufe der Schützen

A/B (Angestellter/Beamter)Auswärtiger Dienst, A/B Bundesanstalt für Flugsicherung, A/B Deutsche Bahn AG, A/B Post AG, Archäologe, Astrologe, Astronom, Astrophysiker, Bodenpersonal bei Fluggesellschaften, Buchhändler, Diakon, Dipl.-Ing. Elektrotechnik, Dipl.-Ing. in der Entwicklung, Diplomhandelslehrer, Diplompädagoge, Diplompsychologe, Diplomsozialarbeiter, Diplomsportlehrer, Dolmetscher, Entwicklungshelfer, Ethnologe, Facharzt für Allgemeinmedizin, Facharzt für Chirurgie, Fachlehrer, Fahrlehrer, Flugbegleiter, Geograph, Gewerkschaftsfunktionär, Grund- und Hauptschullehrer, Heilerziehungspfleger, Heilpädagoge, Heilpraktiker, Historiker, Hochschullehrer, Journalist, Jurist, Kernphysiker, Kommunikationstechniker, Krankengymnast, Landespfleger, Lehrer in der Erwachsenenbildung, Maskenbildner, MAZ-Techniker, Multimediaproducer, Ökomanager, Ozeanograph, Philosoph, Pilot, Privatdozent, Psychotherapeut, Realschullehrer, Rechtsanwalt, Rechtspfleger, Reiseverkehrskaufmann, Religionswissenschaftler, Reporter, Richter, Schriftsteller, Seminarleiter, Sozialwissenschaftler, Sportlehrer im freien Beruf, Sportmanager, Sprachwissenschaftler, Staatsanwalt, Steward, Teletutor, Theologe, Tierarzt, Tourismusmanager, Übersetzer, Umweltberater, Verleger, veterinärmedizinische Assistentin, Zoologe, Zukunftsforscher.

Saturn nimmt Maß und setzt Grenzen

Test:

WIE »SCHÜTZEHAFT« SIND SIE EIGENTLICH?

Mit Hilfe des folgenden Tests können Sie in Erfahrung bringen, wie typisch Sie für Ihr Tierkreiszeichen sind. Gehen Sie dabei so vor: Kreuzen Sie die Zahl an, wenn Sie die jeweilige Frage mit Ja beantworten. Falls Sie also gern Testfahrer wären, würden Sie die Zahl 1 ankreuzen. Wenn nicht, würden Sie dies nicht tun.

	+		–
Wären Sie gern Testfahrer?		1	
Sind Sie ein Mensch, der gern Geld zurücklegt?		2	
Können Sie leicht über Ihr Innenleben reden?		3	
Sind Sie gern unter Menschen?		4	
Würden Sie gern Politik machen?		5	
Sagen Sie gern anderen, was sie tun sollen?		6	
Möchten Sie ständig an einem Computer arbeiten?		7	
Lesen Sie viel und gern?		8	
Möchten Sie gern anderen Menschen helfen?		9	
Ist es Ihnen egal, was Sie arbeiten, Hauptsache, das Geld stimmt?		10	
Ordnen Sie sich leicht unter?		11	
Können Sie gut warten?		12	
Ist Ihnen Harmonie wichtig?		13	
Möchte Sie an einer Grenze stehen und Reisende kontrollieren?		14	
Stehen Sie gern in der Öffentlichkeit?		15	
Möchten Sie Falschparkern einen Strafzettel geben?		16	
Möchten Sie an einer Diät als Testperson mitmachen?		17	
Ist Ihnen Sicherheit wichtiger als Aufregung und Spannung?		18	
Unterhalten Sie andere Leute gern?		19	
Hören Sie gern zu?		20	
Könnten Sie von der Hand in den Mund leben?		21	
Interessieren Sie sich für Mode?		22	
Mögen Sie das Risiko?		23	
Führen Sie gern technische Berechnungen durch?		24	
Wären Sie gern ein Entdeckungsreisender?		25	
Mögen Sie Veränderungen?		26	

	+		–
Möchten Sie auf einer Bühne stehen?		27	
Möchten Sie einen Vertrag bis ins kleinste Detail durcharbeiten?		28	
Können Sie leicht auf die Tageszeitung verzichten?		29	
Möchten Sie gern Kinder betreuen?		30	
Halten Sie Gefühle für wichtiger als den Verstand?		31	
Können Sie leicht aus sich herausgehen?		32	
Liegt Ihnen das Wohlergehen anderer am Herzen?		33	
Sind Sie gern Gastgeber?		34	
Sind Sie an anderen Menschen interessiert?		35	
Sind Sie gern Lehrer?		36	
Sind Sie ein beständiger Mensch?		37	
Gehen Sie gern und häufig aus?		38	
Möchten Sie Menschen beraten?		39	
Möchten Sie Schaufenster dekorieren?		40	
Möchten Sie gefährliche Chemikalien transportieren?		41	
Würden Sie gern an einem Bankschalter stehen?		42	
Treiben Sie gern Sport?		43	
Würden Sie gern als Diskjockey arbeiten?		44	
Wären Sie gern Astronaut?		45	
Können Sie sich vorstellen, im Ausland zu arbeiten?		46	
Möchten Sie gern Reporter sein?		47	
Übernehmen Sie gern Verantwortung?		48	
Wären Sie gern Fotomodell?		49	
Können Sie leicht bei einer Sache bleiben?		50	

Summe: ______________

Auswertung

Schreiben Sie immer dann ein Plus (+) links neben die Zahl, wenn Sie die Nummern **1, 3, 8, 9, 20, 23, 25, 26, 33, 34, 35, 36, 38, 39, 43, 46** angekreuzt haben (maximal sechzehnmal ein Plus).
Tragen Sie immer ein Minus (–) neben der Zahl ein, wenn Sie die Nummern **2, 7, 11, 12, 14, 16, 18, 28, 37, 42, 50** angekreuzt haben (maximal elfmal ein Minus).

Ziehen Sie die Anzahl der Minus- von der Anzahl der Pluszeichen ab. Die Differenz ist Ihr Testergebnis.

Interpretation

Ihr Testergebnis beträgt 5 oder mehr Punkte: Sie sind eine hundertprozentige Schützepersönlichkeit. Alles, was in diesem Buch über die Natur Ihres Tierkreiszeichens geschrieben steht, trifft in besonderem Maße auf Sie zu. Sie sind dynamisch, feurig, direkt, sind allem Neuen gegenüber aufgeschlossen, suchen die Synthese zwischen Geist und Körper und tragen einen Abenteurer und Weltenbummler in sich.

Ihr Testergebnis liegt zwischen 2 und 4 Punkten: Bei Ihnen ist das Schützenaturell gedämpft. Wahrscheinlich haben Sie einen Aszendenten, der die Qualität Ihrer Schützepersönlichkeit in einer anderen Richtung beeinflußt. Oder Ihr Mond hat diese Wirkung. Für Sie ist es daher interessant, die Stellung Ihres Mondes und Ihren Aszendenten im zweiten Teil dieses Buches kennenzulernen. Es kann aber auch sein, daß Sie durch frühere Erfahrungen dazu veranlaßt wurden, Ihr Schützenaturell abzulehnen. Dann ist es besonders wichtig, daß Sie sich damit wieder mehr anfreunden und es mehr zulassen.

Ihr Testergebnis beträgt weniger als 2 Punkte: Sie sind eine untypische Schützepersönlichkeit. Wahrscheinlich haben Sie einen Aszendenten, der sich völlig anders als das Schützeprinzip deuten läßt, oder Ihr Mond steht in einem solchen Zeichen. Es wird sehr spannend für Sie sein, dies im zweiten Teil dieses Buches herauszufinden. Sie haben es aber im Lauf Ihres Lebens womöglich auch für nötig befunden, Ihre Schützeseite abzulehnen und zu verdrängen. Es ist daher Ihre Aufgabe, sich mit diesem Teil Ihrer Persönlichkeit wieder anzufreunden: Sie sind zum großen Teil ein »Geschöpf des Feuers« mit einem Naturell, das dafür geschaffen ist, Menschen zu begegnen, sie mitzureißen und ihnen den richtigen Weg zu weisen.

Teil II IHRE INDIVIDUALITÄT

Der Aszendent und die Stellung von Mond, Merkur & Co. –

VORBEMERKUNG

In Teil I wurde erläutert, warum der Schütze Ihr »Sternzeichen« ist, nämlich weil die Sonne zum Zeitpunkt Ihrer Geburt in diesem Abschnitt des Tierkreises stand. Nun gibt es in unserem Sonnensystem bekanntlich noch andere Himmelskörper, von denen der Erdtrabant Mond und die Planeten für die Astrologie bedeutsam sind. Sie alle haben ebenfalls entsprechend ihrer Stellung bei einer Geburt eine spezifische Aussagekraft. Obendrein spielen auch noch der Aszendent, die astrologischen Häuser und weitere Faktoren eine Rolle. Alles zusammen ergibt ein Horoskop.

Dieses Wort hat seine Wurzeln im Griechischen und heißt soviel wie »Stundenschau«, weil ein Horoskop auf die Geburtsstunde (eigentlich Geburtsminute) genau erstellt wird. Es ist also eine – in Zeichen und Symbole übersetzte – Aufnahme der astrologischen Gestirnskonstellationen zum Zeitpunkt einer Geburt. Es spiegelt die vollständige Persönlichkeit eines Menschen wider.

Im folgenden werden die neben der Sonne wichtigsten Größen eines Horoskops gedeutet: Aszendent, Mond, Merkur, Venus, Mars, Jupiter und Saturn. Sie können mit Hilfe des Geburtstags und der Geburtszeit ihre Position im Tierkreis ermitteln und dann die jeweilige Bedeutung kennenlernen. Die Interpretation dieser Horoskopfaktoren ist manchmal vom Sonnenzeichen des oder der Betreffenden abhängig, im großen und ganzen jedoch nicht. Wenn Sie also zum Beispiel ein Stier wären, dessen Mond im Widder stünde, müßte diese Mondstellung genauso gedeutet werden, wie wenn Sie vom Sonnenzeichen her eine Waage- oder eine Fischepersönlichkeit wären. Entsprechend finden Sie in den verschiedenen Bänden dieser Buchreihe in der jeweiligen Beschreibung des Aszendenten-, Mond-, Merkur-, Venus-, Mars-, Jupiter- und Saturnzeichens die gleichen Aussagen.

Auf der anderen Seite ist es wichtig, zu verstehen, daß die Interpretation einer einzelnen Größe wie zum Beispiel Aszendent, Mond oder Sonne immer nur einen bestimmten Aspekt wiedergibt, der eventuell widersprüchlich zu dem sein kann, was über einen anderen Faktor gesagt ist. Die Kunst der Astrologie beruht aber gerade darauf, Verschiedenes,

eventuell sogar Sich-Widersprechendes miteinander zu verbinden bzw. gemäß der eigenen Intuition und Erfahrung zu gewichten.
Die Tabellen zur Berechnung des Aszendenten, der Mond-, der Merkur-, der Venus-, der Mars- und der Jupiterstellung in diesem Band gelten nur für Ihr Tierkreiszeichen, die Saturntabelle gilt auch für alle anderen Zeichen.

DER ASZENDENT

Von Ihrem Sonnenzeichen her sind Sie ein Schützegeborener, dies ist aber wie gesagt nur *ein* Aspekt Ihrer Persönlichkeit. Die Astrologie kennt noch viele andere, wovon der Aszendent der wichtigste ist.
Für die Bestimmung des Aszendenten muß man allerdings die genaue Geburtszeit kennen. Sie ist erfahrbar, weil sie auf dem Standesamt des Geburtsorts festgehalten wird. Wenn Sie also die Zeit, zu der Sie das Licht der Welt erblickt haben, nicht kennen, haben Sie die Möglichkeit, dort anzufragen und um Auskunft zu bitten.
Als ich seinerzeit damit begann, Horoskope zu erstellen, war ich sehr erstaunt darüber, daß die Geburtszeit neben dem Geburtstag in den Büchern der Standesämter festgehalten wird. Der Geburtstag dient dem Staat neben anderen Angaben zur eindeutigen Identifizierung einer Person. Aber welchen Zweck erfüllt für die Bürokratie die Geburtszeit? Für mich liegt darin auch heute noch kein größerer Nutzen als dieser: Durch die schriftliche Fixierung der Geburtszeit liefern die Behörden der Astrologie die wichtigste Berechnungsgrundlage und ermöglichen so jedem Menschen einen Blick auf den ganz persönlichen, einzigartigen Anfang seines Lebens.
Der Aszendent symbolisiert Ihre individuelle Note. Das Sonnen- oder Tierkreiszeichen haben Sie ja gemeinsam mit allen Menschen, die wie Sie zwischen dem 23. November und dem 21. Dezember geboren sind. Der Aszendent jedoch ergibt sich aus Ihrer ganz persönlichen Geburtszeit.
Was ist denn nun der Aszendent? Bekanntlich dreht sich die Erde in zirka 24 Stunden um ihre eigene Achse. Von der Erde aus gesehen, beschreibt die Sonne dabei aber einen Kreis um unseren Planeten. Dieser Kreis wird – ebenso wie beim scheinbaren Kreislauf der Sonne um die Erde innerhalb eines Jahres – in zwölf Abschnitte unterteilt: die zwölf Zeichen des Tierkreises. Entsprechend steigt am östlichen Hori-

zont etwa alle zwei Stunden ein neues Tierkreiszeichen auf. Dasjenige, das zum Zeitpunkt Ihrer Geburt gerade dort aufging, nennt man »Aszendent« (dieser Begriff ist abgeleitet vom lateinischen Wort *ascendere* = »aufsteigen«).

Die Deutung des Aszendenten ist auch dementsprechend, denn zunächst einmal wollen Ihre Anlagen (repräsentiert durch den Aszendenten) das gleiche wie das Tierkreiszeichen am Himmel, nämlich »aufgehen«. Wenn Sie also Aszendent Widder »sind«, dann strebt die durch dieses Zeichen symbolisierte Kraft danach, in Ihrem Leben aufzugehen und stärker zu werden. Sind Sie Aszendent Fische, dann versuchen sich Fischekräfte in Ihrem Leben bemerkbar zu machen. Man kann auch sagen, daß Ihr Aszendent mit zunehmendem Alter immer stärker wird. Manchmal ergänzen sich Aszendent und Tierkreiszeichen, zuweilen sind sie völlig entgegengesetzt. Entsprechend fällt es einem leichter oder schwerer, seinen Aszendenten zusammen mit seinem »Stern-« bzw. Sonnenzeichen in sein Leben zu integrieren.

DIE ERMITTLUNG DES ASZENDENTEN

A Suchen Sie in Tabelle 1 Ihren Geburtstag, und tragen Sie die zugehörige Zahl in Feld 1 auf Seite 75 ein
(zum Beispiel: 29. November ergibt 52).

B Multiplizieren Sie Ihre Geburtsstunde mit der Zahl 15
(0.00 Uhr ergibt 0; 10.00 Uhr ergibt 150; und 23.00 Uhr ergibt 345).
Tragen Sie die gefundene Zahl in Feld 2 auf Seite 75 ein.

C Teilen Sie Ihre Geburtsminute durch die Zahl 4
(0 Minuten ergibt 0; 10 Minuten ergibt 2,5; 40 Minuten ergibt 10).
Tragen Sie die gefundene Zahl in Feld 3 auf Seite 75 ein.

Tabelle 1

22. November	45
23. November	46
24. November	47
25. November	48
26. November	49
27. November	50
28. November	51
29. November	52
30. November	53
1. Dezember	54
2. Dezember	55
3. Dezember	56
4. Dezember	57
5. Dezember	58
6. Dezember	59
7. Dezember	60
8. Dezember	61
9. Dezember	62
10. Dezember	63
11. Dezember	64
12. Dezember	65
13. Dezember	66
14. Dezember	67
15. Dezember	68
16. Dezember	69
17. Dezember	70
18. Dezember	71
19. Dezember	72
20. Dezember	73
21. Dezember	74
22. Dezember	75

D Suchen Sie in der Landkarte den Abschnitt, in dem Ihr Geburtsort liegt, und tragen Sie die Ortszahl in Feld 4 auf Seite 75 ein (München ergibt 12, Berlin ergibt 13).

E Bilden Sie die Zwischensumme 1 aus Feld 1 bis 4.

F War bei Ihrer Geburt Sommerzeit? Dann muß die Zahl 15 abgezogen werden. Die Sommerzeiten in Deutschland, Österreich und der Schweiz finden Sie in der folgenden Tabelle auf Seite 73 bzw. 74.

G Bilden Sie die Zwischensumme 2. Ergibt sich eine Zahl von über 360, dann muß die Zahl 360 abgezogen werden.

H Bilden Sie die Summe 3.

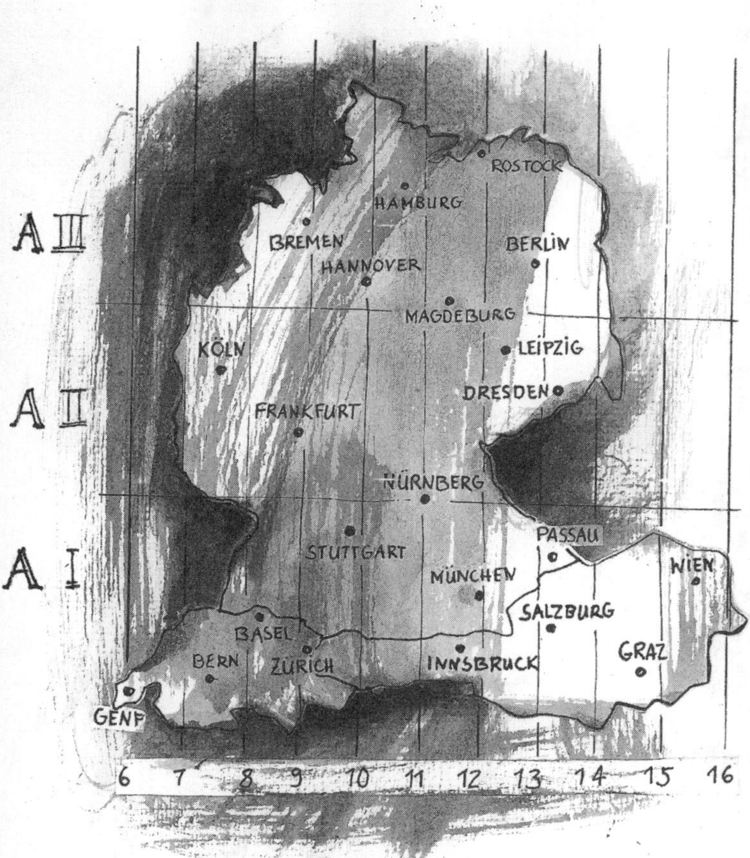

A III
A II
A I
ROSTOCK
HAMBURG
BREMEN
BERLIN
HANNOVER
MAGDEBURG
KÖLN
LEIPZIG
DRESDEN
FRANKFURT
NÜRNBERG
PASSAU
STUTTGART
WIEN
MÜNCHEN
SALZBURG
BASEL
BERN
ZÜRICH
INNSBRUCK
GRAZ
GENF
6
7
8
9
10
11
12
13
14
15
16

Sommerzeiten in Deutschland und Österreich

1940	1. April bis 31. Dezember
1941	1. Januar bis 31. Dezember
1942	1. Januar bis 1. November
1943	29. März bis 3. Oktober
1944	3. April bis 1. Oktober
1945	2. April bis 15. Oktober[1]
1946	14. April bis 7. Oktober
1947	6. April bis 5. Oktober[2]
1948	18. April bis 2. Oktober
1949	10. April bis 1. Oktober (D/sowj. bes. Zone bis 18. November)
1980	6. April bis 27. September
1981	29. März bis 26. September
1982	28. März bis 25. September
1983	27. März bis 24. September
1984	25. März bis 29. September
1985	31. März bis 28. September
1986	30. März bis 27. September
1987	29. März bis 26. September
1988	27. März bis 24. September
1989	26. März bis 23. September
1990	25. März bis 29. September
1991	31. März bis 28. September
1992	29. März bis 26. September
1993	28. März bis 25. September
1994	27. März bis 24. September
1995	26. März bis 23. September
1996	31. März bis 26. Oktober
1997	30. März bis 25. Oktober
1998	29. März bis 24. Oktober
1999	28. März bis 30. Oktober
2000	26. März bis 28. Oktober
2001	25. März bis 27. Oktober
2002	31. März bis 27. Oktober
2003	30. März bis 26. Oktober

[1] Im sowjetisch besetzten Gebiet Deutschlands vom 24. Mai bis 24. September doppelte Sommerzeit (mitteleuropäische Zeit minus 2 Stunden). Wenn Sie davon betroffen sind, sollten Sie sich ein professionell erstelltes Horoskop anfertigen lassen (siehe Info am Ende dieses Buches).

[2] 1947: doppelte Sommerzeit. Siehe Anm. 1.

Sommerzeiten in der Schweiz

1941	5. Mai bis 6. Oktober
1942	4. Mai bis 5. Oktober

Ab **1981** wie Deutschland und Österreich

Bestimmen Sie in Tabelle 2 Ihren Aszendenten. Dabei müssen Sie noch unterscheiden, ob Ihr Geburtsort in Abschnitt AI, AII oder AIII der Landkarte liegt.

Tabelle 2

AI	AII	AIII	Aszendent
270–280	270–279	270–278	Widder
281–284	280–283	279–282	Widder/Stier
285–297	284–295	283–291	Stier
298–303	296–301	292–299	Stier/Zwillinge
304–321	302–319	300–313	Zwillinge
322–330	320–328	314–325	Zwillinge/Krebs
331–355	329–353	326–348	Krebs
356–7	354–5	349–3	Krebs/Löwe
8–35	6–34	4–31	Löwe
36– 48	35–47	32–46	Löwe/Jungfrau
49–77	48–76	47–75	Jungfrau
78–89	77–89	76–89	Jungfrau/Waage
90–117	90–118	90–119	Waage
118–130	119–131	120–132	Waage/Skorpion
131–158	132–160	133–164	Skorpion
159–171	161–173	165–175	Skorpion/Schütze
172–197	174–200	176–204	Schütze
198–208	201–210	205–213	Schütze/Steinbock
209–228	211–230	214–235	Steinbock
229–235	231–237	236–239	Steinbock/Wassermann
236–249	238–251	240–254	Wassermann
250–254	252–255	255–256	Wassermann/Fische
255–265	256–266	257–266	Fische
266–269	267–269	267–269	Fische/Widder

Wenn Ihr Aszendent auf ein doppeltes Zeichen (zum Beispiel Widder/Stier) fällt, ist es ratsam, sich Ihren Aszendenten genau bestimmen zu lassen (siehe Info am Schluß des Buches).

Beispiel: Helga Mustermann, geb. am 29.11.1980 um 10.45 Uhr in Berlin.

A	Feld 1	Ihr Geburtsdatum ergibt die Tageszahl		52
B	Feld 2	Ihre Geburtsstunde ergibt die Stundenzahl		150 (10 mal 15)
C	Feld 3	Ihre Geburtsminute ergibt die Minutenzahl		11 (45 durch 4)
D	Feld 4	Ihr Geburtsort ergibt die Ortszahl		13
E	Zwischensumme 1			226
F	Sommerzeit (?)		(–15) nein	
G	Zwischensumme 2			226
		Über 360 (?)	(–360) nein	
H	**Summe 3**			**226**

Im Beispiel ist der Aszendent (226 in AIII) Steinbock.

Hier können Sie Ihren Aszendenten berechnen

A	Feld 1	Ihr Geburtsdatum ergibt die Tageszahl		______
B	Feld 2	Ihre Geburtsstunde ergibt die Stundenzahl		______
C	Feld 3	Ihre Geburtsminute ergibt die Minutenzahl		______
D	Feld 4	Ihr Geburtsort ergibt die Ortszahl		______
E	Zwischensumme 1			______
F	Sommerzeit (?)		(–15)	______
G	Zwischensumme 2			______
	Über 360 (?)		(–360)	______
H	**Summe 3**			______

Mein Aszendent lautet: ______________________

DIE ASZENDENTEN DER SCHÜTZEN

Wenn Sie Ihren Aszendenten ermittelt haben, können Sie nun im folgenden etwas darüber erfahren, was er über bestimmte Teilbereiche Ihrer Persönlichkeit aussagt (siehe auch die Vorbemerkung am Beginn von Teil II). Haben Sie ein doppeltes Zeichen errechnet, lesen Sie am besten nach, was über beide geschrieben steht – meistens erkennt man dann schon, welches das wahrscheinlichere ist. Sie können sich aber auch den Aszendenten bzw. ein ganzes Horoskop mit allen Gestirnskonstellationen errechnen lassen (siehe die Info am Ende dieses Buches).

Aszendent WIDDER

Vorteile Direkt, spontan, dynamisch, durchsetzungsstark
Nachteile Ungeduldig, launisch
Aszendentenherrscher Mars

Darüber sollte kein Zweifel bestehen: Sie geben den Ton an, Sie treffen die Entscheidungen – und zwar blitzschnell. Gegenargumente interessieren Sie zunächst einmal herzlich wenig! Manche werden Sie daher gelegentlich »skrupellos« nennen, vielleicht sogar einen »Egoisten« ... Aber was soll man machen? Sie sind nun mal ein temperamentvoller Mensch! Außerdem treten Sie ja niemandem grundlos auf die Füße. Also warum sollten Sie auf Ihre spontane, direkte Art verzichten, nur weil Sie von Schlafmützen umringt sind? Man wird doch wohl noch sagen dürfen, was Sache ist ...! Sie behaupten ja auch nicht, daß Sie mit Ihrem Aszendenten Widder ins diplomatische Korps aufgenommen werden möchten oder eine Beamtenkarriere mit dem Prädikat »gute Führung« anstreben. Dafür sind Sie viel zu temperamentvoll und ungeduldig.
Ihre Qualitäten sind ganz anderer Natur: Überall da, wo Neues entsteht, wo expandiert wird, da haben Sie Ihre große Chance. Sie sind der Ausputzer, und das nicht nur auf dem Fußballfeld. Losstürmen, zupacken, durchgreifen – das können Sie wie kaum ein zweiter.
Obwohl nicht gerade feinfühlig, sind Sie trotzdem sehr beliebt. Im Grunde bleiben Sie ein herrlicher Kindskopf bis ins hohe Alter – sind aber auch mit Achtzig noch unfähig, Ihre Wut und Ungeduld in den Griff zu kriegen.

Aszendenten-Check
Wie ergänzen sich Sonne und Aszendent? Ihr Sonnenzeichen Schütze und Ihr Aszendentenzeichen Widder ergänzen sich großartig. Sie sind verbal sehr stark, und Sie haben ein herrliche und unkomplizierte »Hoppla jetzt komm' ich«-Mentalität, mit der Sie privat wie beruflich weit kommen werden. Denken Sie aber daran, Sie brauchen unbedingt Möglichkeiten, sich frei entwickeln und entfalten zu können.

Aszendent STIER

Vorteile Solide, sachlich, praktisch, sinnlich
Nachteile Stur, inflexibel
Aszendentenherrscher Venus

Von Ihrer Aszendentenkraft her sind Sie ein Praktiker, der das Leben realistisch und mit Hilfe seiner fünf Sinne betrachtet. Wertvoll ist, was gut klingt, angenehm riecht und schmeckt, schön aussieht und sich anfassen läßt. Außerdem sind Sie hedonistisch, also bis in die Zehenspitzen genußorientiert, dabei aber nie leichtsinnig, flatterhaft oder unzuverlässig. Schnaps ist Schnaps, und Dienst ist Dienst! Und ohne Arbeit keine Kohle und ohne Kohle kein Vergnügen! Manche sehen in Ihnen deswegen nichts anderes als einen schnöden Materialisten, ohne zu erkennen, was Sie wirklich sind: Realist nämlich – und praktisch durch und durch, mit beiden Beinen fest auf der Erde.
Was Sie einmal als Ihr Eigentum deklariert haben, lassen Sie sich nur ungern wieder nehmen. Doch Sie sind kein knausriger Mensch; Sie sind durchaus bereit zu teilen, aber niemand darf Sie drängen!
Wenn Sie lieben, würden Sie sogar Ihr letztes Hemd verschenken. In derart rosaroter Stimmung wird aus Ihnen ein Philosoph, der nächtelang über Gott und die Welt räsoniert und sich vom wortkargen und nüchternen Pragmatiker zum redegewandten Charmeur mausert. Ihr Partner darf alles, bloß kein Asket sein – genausowenig aber auch kein lockeres Vögelchen, das Ihr geliebtes Geld zum Fenster rauswirft.

Aszendenten-Check
Wie ergänzen sich Sonne und Aszendent? Ihr Sonnenzeichen Schütze und Ihr Aszendentenzeichen Stier sind gegensätzlicher Natur. Sie sind skeptisch gegenüber Ideen, setzen auf praktische Vernunft und neigen

dazu, alles, was nicht hieb- und stichfest ist, abzulehnen. Sie sollten lernen, Ihren eigenen Ideen mehr zu vertrauen und Anregungen und Kritik von geistigen Autoritäten anzunehmen.

Wichtig für Sie: Wo steht Venus? Siehe das Kapitel »Das Venushoroskop – Ihre Liebesfähigkeit«!

Aszendent ZWILLINGE

Vorteile Gewandt, beredt, vielfältig, kommunikativ
Nachteile Zerstreut, unsicher
Aszendentenherrscher Merkur

Lässig wie die Rose am Revers tummeln Sie sich durchs Leben, welches Ihnen, solange Sie in guter Verfassung sind, nie eintönig grau, sondern bunt und vielfältig wie der Blick durch ein Kaleidoskop erscheint. Sie beherrschen oft mehrere Sprachen, bestimmt aber einige Dialekte, und könnten ohne weiteres in völlig unterschiedlichen Branchen arbeiten oder das Management führen. Je unterschiedlicher die Aufgaben sind, die man Ihnen stellt, um so besser werden Sie. Am bemerkenswertesten sind Ihr Redetalent und Ihre Fähigkeit, Kontakte zu schließen. Aber Sie wollen das Leben in allen Nuancen auskosten, sind ungeheuer neugierig und möchten möglichst viele Menschen kennenlernen, und dafür muß man eben reden, reden, reden …
Dogmen, starre Regeln, die Zehn Gebote oder der »Bart des Propheten« lassen Ihnen einen Schauer über den Rücken laufen. Denn Ihrer tiefsten Überzeugung nach hält sich das Leben auch nicht an feste Vorgaben und überkommene Vorstellungen, sondern gleicht eher einer schillernden Seifenblase, einem Glasperlenspiel oder einer Komödie mit ständig wechselnden Rollen.
Freiheit und Unabhängigkeit stehen in Ihrer persönlichen Werteskala an der Spitze, weshalb Sie auch regelmäßig Probleme in festen Beziehungen bekommen.

Aszendenten-Check
Wie ergänzen sich Sonne und Aszendent? Ihr Sonnenzeichen Schütze und Ihr Aszendentenzeichen Zwillinge liegen sich im Tierkreis genau gegenüber, stehen also für völlig entgegensetzte Qualitäten: Einerseits

sind Sie schützehaft-idealistisch und orientiert an dem, was in der Ferne liegt, andererseits (Zwillinge) interessiert Sie gerade das Nächstliegende und Vordergründige. Sie kommen mit diesen beiden Seiten um so besser klar, je mehr Sie sich selbst zugestehen, daß Sie eben zwei entgegengesetzte Anlagen haben, und nicht versuchen, sich in eine Richtung zu zwängen.

Aszendent KREBS

Vorteile Gefühlvoll, häuslich, sensibel, fürsorglich
Nachteile Launisch, abhängig
Aszendentenherrscher Mond

Sie sind ein bißchen rätselhaft und verlieren sich am liebsten in Ihrer eigenen oder anderer Leute Psyche. »Seelentaucher« könnte man Sie nennen ... Das Leibliche kommt deswegen aber noch lange nicht zu kurz. Sie sind ein Meister der Küche und würden sich, wenn Sie es drauf anlegten, allemal jede Menge »Kochlöffel« oder »-mützen« verdienen. Aber Sie sind auch scheu. Sie drängen nicht ins Rampenlicht. Über Ihre göttlichen Talente im Bett kann man nur munkeln. Wie kaum jemand anderes können Sie kindlich-ausgelassen albern sein. Aber Sie haben auch Ihre Launen. Wer die verstehen will, studiere zuerst Freuds Psychoanalyse, dann Dantes *Göttliche Komödie* und zum Schluß die hohe Kunst der Zen-Meditation.
In guten Zeiten sind Sie nämlich fröhlich, mit glänzenden Augen, extravertiert. Zwei Tage später vielleicht sind Sie wie verwandelt, stumm, scheu, abwesend, in sich gekehrt und zu wie eine Auster! Rätselhaft! Ein Mensch mit zwei Gesichtern! Und das alles, weil Sie wie kein anderes Tierkreiszeichen vom Mond abhängig sind. Beobachten Sie es einmal: Wird seine Sichel größer, wächst auch Ihr Selbstbewußtsein. Zieht sich der Mond zurück, leidet Ihr Nervenkostüm, die Empfindsamkeit wächst, und aus Angst, sich zu verletzen, ziehen Sie sich hinter Ihren Krebspanzer zurück.

Aszendenten-Check
Wie ergänzen sich Sonne und Aszendent? Ihr Sonnenzeichen Schütze und Ihr Aszendentenzeichen sind ausgesprochen konträr. Denn Sie haben sowohl eine besonders starke intellektuelle Veranlagung als auch ein

intensives Gefühlsleben. Ihre Aufgabe in diesem Leben ist, die beiden Seiten miteinander in harmonischer Weise zu verbinden, das heißt, keine Seite zu negieren, aber auch keine zu stark zu betonen.

Wichtig für Sie: Wo steht der Mond? Siehe das Kapitel »Das Mondhoroskop – Ihre Gefühle«!

Aszendent LÖWE

Vorteile Selbstbewußt, großzügig, herzlich, schöpferisch
Nachteile Stolz, träge
Aszendentenherrscher Sonne

Sie sind ein ganz besonderer Mensch. Sie gehen, sprechen, lächeln anders – nie unscheinbar, sondern immer mit Ausdruck. Ihr Geschmack ist untrüglich, und weil Sie nur das Echte und Ursprüngliche lieben, ist Ihr Leben ziemlich anspruchsvoll und teuer. Dazu kommt eine ungeheure Vitalität (ja, Sie können auch stinkfaul sein, aber das steht auf einem anderen Blatt).
Zurückhaltung, Bescheidenheit und Schamgefühl kommen in Ihrem Repertoire kaum vor. Sie sagen, was Sie denken, und tun, was Sie wollen – und damit basta! Kein Wunder, daß die anderen den Atem anhalten und Sie offen oder heimlich bewundern.
Gibt es allerdings Spannungen und Widersprüche, geben Sie rasch auf. Sie müssen in solchen Situationen verstehen, daß andere einen gewissen Respekt vor Ihnen haben: Sie werden es nicht so leicht wagen, Ihnen mit Forderungen oder gar Kritik zu nahe zu treten. Denn viele haben den Eindruck, daß Sie bei allem Humor und Großmut doch ziemlich abweisend sein können. Halten Sie darauf Ihr Augenmerk, machen Sie es anderen leichter, an Sie heranzukommen, damit Sie sich nicht – völlig unabsichtlich – selbst isolieren.
Wen Sie lieben, schließen Sie voll in Ihr Herz, aber sich einem Menschen zu unterwerfen empfinden Sie als Selbstaufgabe und Demütigung.

Aszendenten-Check
Wie ergänzen sich Sonne und Aszendent? Ihr Sonnenzeichen Schütze und Ihr Aszendentenzeichen Löwe ergänzen sich großartig. Sie werden immer Menschen finden, die Ihnen weiterhelfen. Umgekehrt sind Sie

Die Sonne ist die wichtigste Kraft in einem Horoskop

direkt dafür geboren, in einem Team der natürliche Anführer zu sein. Hierarchien sind Ihnen allerdings unangenehm, und auch wenn Sie selbst eine leitende Position innehaben, suchen Sie das Miteinander und kein Übereinander.

Aszendent JUNGFRAU

Vorteile Zuverlässig, ehrlich, sachlich, beschwingt
Nachteile Pessimistisch, kritisch
Aszendentenherrscher Merkur

Geistig fit und jung zu bleiben ist Ihnen sehr wichtig ... genauso wichtig wie ein ordentlicher Gefühlshaushalt. Von Verdrängungen und unausgesprochenen Emotionen halten Sie nämlich nichts – Sie wollen sich mit Ihren Gefühlen auseinandersetzen, darüber reden, um sich ein reines, unbeschwertes Wesen zu erhalten. Sie wissen, Sie schlafen dann besser. So lernen Sie von Kind auf, Ihre Wünsche allmählich in den Griff zu kriegen, wenn nötig, aufzuschieben, bis die Gelegenheit günstiger ist. Oder Sie streichen sie nach dem Motto »Was ich nicht weiß, macht mich nicht heiß« ganz von Ihrer Liste: eine äußerst pragmatische Einstellung.
Diese Vernunft, gepaart mit einer gewissen Nüchternheit, äußert sich auch bei anderen Gelegenheiten: In der Liebe zum Beispiel lodern die Flammen der Leidenschaft zwar durchaus heftig, aber Sie suchen auch ruhigere Freuden wie Freundschaft, Zuneigung, Zärtlichkeit, Fürsorge und Treue.
Anderen gegenüber sind Sie sehr kritisch. Als Entschuldigung läßt sich nur anführen, daß Sie mit sich selbst noch härter umspringen.

Aszendenten-Check
Wie ergänzen sich Sonne und Aszendent? Ihr Sonnenzeichen Schütze und Ihr Aszendentenzeichen Jungfrau sind widersprüchlich. Sie stellen nämlich hohe Ansprüche an sich, sind aber zugleich ein Mensch, der Egoismus verachtet und sich selbst eher im Hintergrund hält. Das bringt Sie in Schwierigkeiten. Lernen Sie, Ihre Ansprüche allmählich aufzubauen. Ein anderes Problem ist Ihre Neigung, der Gefühlswelt einen geringeren Rang im Vergleich zur Verstandeswelt einzuräumen. Lernen Sie hier von Menschen, die sehr gefühlvoll sind!

Aszendent WAAGE

Vorteile Anmutig, charmant, stilvoll, neutral
Nachteile Abhängig, unecht
Aszendentenherrscher Venus

Mit Ihrer entgegenkommenden, freundlichen Art gelingt es Ihnen schnell, Kontakt zu anderen zu finden, und Sie wissen sofort, was Ihre Mitmenschen möchten. Bei Ihnen selbst blicken Sie allerdings weniger gut durch. Spontane Entscheidungen fallen Ihnen besonders schwer. Sie müssen alles genau abwägen, und häufig entscheiden dann andere für Sie.
Das ist auch in Partnerschaften der Fall. Wenn Sie am Anfang einer Liebe stehen, mag das noch angehen, aber auch dann, wenn eine Beziehung zu Ende geht, treffen eher Ihre Partner die Entscheidung, obwohl Sie in Wirklichkeit längst mit dem Gedanken einer Trennung gespielt haben.
Kreativität ist Ihnen angeboren. Sie haben Geschmack, Stil und tolle Einfälle. Der Nachteil: Alltagsroutine fällt Ihnen schwer. Am liebsten würden Sie immer nur schwelgen, lieben, die Welt verschönern ... Und zwar nicht nur äußerlich, sondern auch atmosphärisch. Sie sind bemüht, harte Kontraste und kantige Widersprüche in Ihrer Umgebung nach Möglichkeit zu vermeiden. Unter Freunden, in einer Partnerschaft oder Familie genauso wie in einem Arbeitsteam sorgen Sie für eine angenehme, heitere und entspannte Atmosphäre.
Das ist großartig, wenn es darum geht, Konflikte zu vermeiden oder Streithansel zu versöhnen. Aber es kann auch des Guten zuviel werden, nämlich dann, wenn Sie Unstimmigkeiten grundsätzlich aus dem Weg gehen. Lernen Sie, daß ein gewisses Maß an Streit und Auseinandersetzungen zu einem erfüllten Leben gehören!

Aszendenten-Check
Wie ergänzen sich Sonne und Aszendent? Ihr Sonnenzeichen Schütze und Ihr Aszendentenzeichen Waage passen beinahe zu gut zusammen. Ihr Einfallsreichtum wird nämlich so groß sein, daß Sie gelegentlich aufpassen müssen, sich nicht zu verlieren ...

Wichtig für Sie: Wo steht Venus? Siehe das Kapitel »Das Venushoroskop – Ihre Liebesfähigkeit«!

Aszendent SKORPION

Vorteile Furchtlos, unergründlich, leidenschaftlich
Nachteile Mißtrauisch, starr
Aszendentenherrscher Pluto

Nach außen hin pflegen Sie den Kult des geheimnisvollen Unbekannten: Keiner soll wissen, wie's in Ihrem Inneren aussieht. Sie selbst allerdings lesen in anderen wie in einem offenen Buch: Sie haben den Röntgenblick und einen »körpereigenen Lügendetektor« noch dazu. Gnadenlos decken Sie auf, wo immer mit gezinkten Karten gespielt wird, und legen, wenn's sein muß, den Finger genau in die offene Wunde. Stets sind Sie auf der Suche nach dem Echten und Wahren und weisen alles Künstliche und Oberflächliche kompromißlos ab.
Allerdings gibt es bekanntlich immer mehrere Wahrheiten – und hier beginnt das Problem: Sie neigen nämlich dazu, Ihre Meinung (oder diejenige, der Sie sich angeschlossen haben) zur alleinseligmachenden zu erklären. Sie müssen lernen, von einseitigen Vorstellungen loszukommen.
Ihr Lebensstil wird weniger von äußerlicher Bequemlichkeit geprägt als von Entschlossenheit und Konsequenz. Sie brauchen daher Herausforderungen. Es ist sogar so, daß Sie um so mehr leisten, je größer Ihre Aufgaben sind.

Aszendenten-Check
Wie ergänzen sich Sonne und Aszendent? Ihr Sonnen- und Ihr Aszendentenzeichen sind sehr verschieden, was zu Spannungen führt. Aber Probleme machen Ihnen nicht nur zu schaffen, sondern sie bringen Sie auch weiter – und das ist Ihnen um so wichtiger, je älter Sie werden. Am schwierigsten ist es, damit fertig zu werden, daß Sie sowohl eine tiefe Bindung wünschen als auch frei und unabhängig bleiben wollen.

Aszendent SCHÜTZE

Vorteile Optimistisch, aufgeschlossen, mitreißend, jovial
Nachteile Unrealistisch, leichtgläubig
Aszendentenherrscher Jupiter

Sie haben eine doppelte Schützenatur, weil Sie sowohl vom Sonnen- als auch vom Aszendentenzeichen her Schütze »sind«. Nun kommt es allerdings ganz darauf an, ob Sie vor oder nach dem Sonnenaufgang geboren wurden. Diese Unterscheidung ist in der Astrologie äußerst wichtig. Sie sollten sich daher ein sogenanntes Radixhoroskop erstellen lassen (siehe die Info am Ende dieses Buches), denn anhand eines solchen Geburtshoroskops läßt sich diese wichtige Frage entscheiden. Vielleicht finden Sie es aber auch beim weiteren Lesen heraus.
Wurden Sie vor oder genau bei Sonnenaufgang geboren, steht Ihre Sonne im ersten Haus. Dann treffen alle Schützeeigenschaften, die bisher in diesem Buch beschrieben wurden, in besonderem Maße auf Sie zu. Sie sind ein sehr lebendiger, aktiver, idealistischer Mensch. Was Ihren Beruf betrifft, sollten Sie danach streben, sich selbständig zu machen oder eine Führungsposition zu übernehmen.
Wurden Sie hingegen nach Sonnenaufgang geboren, sind Sie eher ein nachdenklicher, sensibler Mensch, der es nicht leicht hat, seine Schützeeigenschaften zu leben. Sie verfügen dafür über besondere mentale und künstlerische Begabungen und sind Ihrer Zeit häufig voraus. Durch unkonventionelles und schöpferisches Denken und Handeln können Sie neue (berufliche) Wege einschlagen. Wichtig ist, daß Sie Ihr soziales Verantwortungsgefühl entwickeln, denn Sie sind ein Mensch, den es nicht glücklich macht, wenn er nur an sich selbst denkt: Sie haben anderen – der Gesellschaft als Ganzes – etwas zu geben.

Aszendenten-Check

Wie ergänzen sich Sonne und Aszendent? Sonnen- und Aszendentenzeichen sind gleich und verstärken sich gegenseitig.

Wichtig für Sie: Wo steht Jupiter? Siehe das Kapitel »Das Jupiterhoroskop …«

Aszendent STEINBOCK

Vorteile Sachlich, objektiv, gerecht, zäh
Nachteile Hart, kalt
Aszendentenherrscher Saturn

Sie sind ein Mensch für den zweiten Blick, nicht besonders auffällig oder selbstbewußt, auch nicht unbedingt umwerfend charmant. Aber Sie sind entschlossen, zäh und willensstark. So wie die richtigen Steinböcke in den Bergen für ein Leben droben unterm Gipfel geschaffen sind, gehören auch Sie hinauf – und werden dort eines Tages landen. Auf jeden Fall haben Sie die richtigen Voraussetzungen für einen Gipfelsturm: Sie sind genügsam, zäh und ausdauernd.
Ihre berufliche Ausgangslage ist also bestens. Sie sind dafür prädestiniert, Verantwortung zu übernehmen, andere zu führen und ihnen ein Vorbild zu sein. Weil Sie die Dinge »von oben herab« betrachten, vertreten Sie ein übergeordnetes Prinzip, das Sie zum Wohle aller einzusetzen in der Lage sind. In der Organisation und Verwaltung leisten Sie Hervorragendes.
Doch alles hat seinen Preis. Weil Sie für einen harten Lebenskampf gerüstet sind, ist Ihr Gefühlsleben entsprechend spärlich. Sie haben in aller Regel schon früh erfahren, daß das mit den Gefühlen so eine Sache ist, daß sie verletzlich und hilflos machen ... Also besser, man zeigt sie nicht. Daraus wurde mit der Zeit eine Gewohnheit.

Aszendenten-Check
Wie ergänzen sich Sonne und Aszendent? Ihr Sonnenzeichen Schütze und Ihr Aszendentenzeichen Steinbock verkörpern völlig entgegengesetzte Kräfte. Infolge Ihres Schützenaturells suchen Sie Kontakt, Leichtigkeit und Zerstreuung. Ihre Steinbockveranlagung jedoch setzt Sie unter Druck, vorsichtig, kritisch und distanziert vorzugehen. Dieser Widerspruch kann dazu führen, daß Sie sich und anderen gegenüber sehr hart sind, was Schwächen und Fehler betrifft. Im Lauf Ihres Lebens wird aus dem »Entweder-Oder« allerdings ein »Und« bzw. ein »Sowohl-als-auch«. Sie werden das Kunststück vollbringen, Leichtigkeit und Schwere, Muße und Alltag miteinander zu verbinden.

Aszendent WASSERMANN

Vorteile Human, frei, unkonventionell, erfinderisch
Nachteile Abgehoben, nervös
Aszendentenherrscher Uranus

Sie haben die richtige Mischung aus kühler Vernunft, exzentrischen Angewohnheiten und schöpferischer Phantasie. Virtuos beherrschen Sie die feinsten gesellschaftlichen Umgangsformen und verachten dennoch jede Regel. Ihr bestbehütetes Gut ist Ihre Unabhängigkeit. Um sie zu retten, opfern Sie auch mal eine sichere, aber sterbenslangweilige Karriere als Beamter oder Angestellter im öffentlichen Dienst. Routine, Arbeit nach Vorschrift und Vorgesetzte, die Ihnen wie Geier aufs Aas auf die Finger starren, bedeuten das Aus für Ihr sprühendes Temperament.
Ihr Charakter zeigt eine gewisse Ähnlichkeit mit »Luft«. So sind Sie vom Wesen her sehr transparent und offenbaren sich leicht anderen Menschen. Und Sie lassen sich auch nur schwer greifen und begreifen und lösen sich wie Luft auf, wenn man Sie einmal wirklich packen möchte. Gefühle und Leidenschaften sind Ihnen vertraut. Aber diese berühren Sie niemals heftig und tief. Daher erfreuen Sie sich auch im Regelfall einer inneren Harmonie und Gelassenheit. Ihr Temperament ist eher fröhlich, heiter – sanguinisch.

Aszendenten-Check
Wie ergänzen sich Sonne und Aszendent? Ihr Sonnenzeichen Schütze und Ihr Aszendentenzeichen Wassermann sind bestens aufeinander eingestimmt und verschaffen Ihnen kreative Höhenflüge. Am Bodenkontakt mangelt es zuweilen. Mißtrauen Sie Menschen, die Sie bremsen. Aber suchen und achten Sie solche, die Ihnen dabei helfen können, Ihren Träumen Hand und Fuß zu verschaffen!

Aszendent FISCHE

Vorteile Geheimnisvoll, intuitiv, sensibel, verständnisvoll
Nachteile Unsicher, unrealistisch
Aszendentenherrscher Neptun

Sie sind ein ewiges Rätsel! Naiv wie ein Kind, mysteriös wie eine Sphinx – mal messerscharf denkend, ja fast schon genial, dann wieder völlig abwesend, träumend, zerstreut, unfähig, die einfachsten Dinge auf die Reihe zu bringen. Gewöhnungsbedürftig für alle, die mit Ihnen leben, sind die Phasen, in denen Sie im Chaos versinken, sich gehenlassen und vernachlässigen.
Am erstaunlichsten ist Ihre Intuition – Ihre fast schon übersinnlichen Fähigkeiten: als könnten Sie Gedanken lesen, in die Zukunft blicken und hellsehen. Als Frau sind Sie noch eine Spur mysteriöser, obwohl Sie als Mann natürlich ebenfalls diesen »Faktor X« besitzen, ihn aber lieber vor der Öffentlichkeit verbergen. Auf der anderen Seite lassen Sie auch kaum ein Fettnäpfchen aus: Wenn's darum geht, sich so richtig schön danebenzubenehmen, kann Ihnen keiner das Wasser reichen! Auch das ist ein Grund, warum Sie sich oft so einsam und unverstanden fühlen: »Keiner liebt mich, keiner versteht mich ...« – ist das nicht Ihr Lieblingsvorwurf gegenüber dem Rest der Welt? Irgendwann werden Sie verstehen, warum Sie häufig allein sind: weil Sie so am glücklichsten sind! Das heißt jetzt nicht, daß Sie ins Kloster oder ins Himalajagebirge gehören. Im Gegenteil! Sie sind eine derartig schillernde und reizende Person, daß es nichts Schöneres gibt, als mit Ihnen den ewigen Reigen der Wassernymphen und Faune zu tanzen: locken, sich fangen lassen, entkommen, lachen und davonlaufen ...

Aszendenten-Check

Wie ergänzen sich Sonne und Aszendent? Ihre »zentaurische« Doppelnatur ist besonders ausgeprägt und führt zuweilen zu regelrechtem Gespaltensein bzw. einem Doppelleben. Kunst, Muse und die Suche nach der Wahrheit sind am ehesten Brücken, die beide Seiten miteinander vereinen.

Das Mondhoroskop – IHRE GEFÜHLE

Im folgenden Kapitel geht es darum, in welchem Zeichen der Mond zum Zeitpunkt Ihrer Geburt stand. Denn der Mond ist in der Astrologie neben der Sonne das bedeutsamste Gestirn.

Mondzeichen

Der Mond

»Au clair de la lune,
mon ami Pierrot,
prête-moi ta plume,
pour écrire un mot.
Ma chandelle est morte,
je n'ai plus de feu.
Ouvre-moi ta porte
pour l'amour de Dieu.«

Im Schein des Mondes,
mein Freund Pierrot,
leih mir deine Feder,
um ein Wort zu schreiben.
Meine Kerze ist aus,
ich habe kein Feuer mehr.
Öffne mir deine Türe
um der Liebe Gottes willen.

Französisches Volkslied

In einem Schöpfungsmythos heißt es, der Mond sei ein Kind der Erde. Ein anderer beschreibt ihn als Teil unseres Planeten, den dieser aus sich herausgerissen und in den Himmel geschleudert habe, um damit Raum für das Wasser der großen Ozeane zu schaffen: Und dieses Wasser brachte der Erde Fruchtbarkeit. Zu letzterer Geschichte würde passen, daß das Volumen des Mondes, großzügig bemessen, etwa so groß ist wie der Raum, den alle Meere zusammen einnehmen. Doch schon die frühesten Analysen von Mondgestein ergaben, daß Mond und Erde wegen des signifikanten Unterschieds der Beschaffenheit eine andere Entstehungsgeschichte haben müssen.

In allen Mythen, Geschichten und Erzählungen über den Mond wird er als weiblich, die Sonne hingegen als männlich gesehen. In den romanischen Sprachen setzt sich diese Tradition im grammatischen Geschlecht fort: So heißen Mond und Sonne beispielsweise im Italienischen *la luna* und *il sole* und im Französischen *la lune* und *le soleil*.

Von einem Vollmond bis zum nächsten verstreichen 28 Tage. Genauso lange dauert der Zyklus einer Frau. Schon dadurch ist die Beziehung zwischen Weiblichkeit und Mond überdeutlich: Die Sonne wird mit dem Männlichen assoziiert, der Mond mit dem Weiblichen.

Sonne	**Mond**
männlich	weiblich
Vater	Mutter
direkt	indirekt
ausstrahlend	empfangend
Verstand	Gefühl
aktiv	passiv
bestimmend	sorgend
logisch	intuitiv

Auch in der Astrologie verkörpert die Sonne zunächst einmal den Mann und der Mond die Frau. Die Frau ist ihrem Mond näher als ihrer Sonne.

Nehmen wir als Beispiel eine Dame mit der Sonne im Widder (also dem Tierkreiszeichen Widder) und dem Mond im Krebs. Sie wird sich nicht richtig verstanden fühlen, wenn sie in einem Astrologiebuch über ihr Tierkreiszeichen Widder liest, sie sei dynamisch, rücksichtslos, spontan, selbstsicher. Erfährt sie jedoch dann, was über den Mond im Krebs geschrieben steht – gefühlvoll, häuslich, anhänglich, fürsorglich –, wird sie sich sofort wiedererkennen. Mit anderen Worten: Eine Frau müßte eigentlich bei ihrem Mondzeichen nachlesen und nicht bei ihrem Sonnen- bzw. Tierkreiszeichen. Die gängige Astrologie ist offenbar stark am Mann orientiert: Ein Sonnen- oder Tierkreiszeichen-Horoskop findet man beinahe in jeder Zeitung, das Mondzeichen-Horoskop hingegen in kaum einer einzigen – was aber natürlich auch daran liegen dürfte, daß das Mondzeichen für den Leser schwieriger als das Sonnenzeichen zu ermitteln ist.

Je eher eine Frau jedoch ihre traditionelle Rolle verändert, nicht mehr nur Mutter und Hausfrau ist, sondern »ihren Mann steht«, um so mehr wird sie auch ihre Sonne leben. Allerdings wäre es jetzt wiederum völlig falsch, ihren Mond unberücksichtigt zu lassen.

Eine bewußte und emanzipierte Frau schöpft idealerweise aus Sonne und Mond: Führungsaufgaben, die von Männern in der Regel hierarchisch-gebieterisch gelöst werden, gehen Frauen meist anders an – sie lassen mehr Nähe (Mond) zu und können ihre Mitarbeiter dadurch viel besser motivieren. Auch bei Entscheidungen sind Frauen, die sowohl Logik (Sonne) als auch Intuition (Mond) zulassen können, Männern – wenn letztere sich denn nur »nach der Sonne richten« – um ein beträchtliches überlegen.

Sind bei einer Tätigkeit die dem Mond zugeschriebenen Eigenschaften beteiligt, fühlt man sich wohl, zu Hause, geborgen, mit sich stimmig. Darüber hinaus gibt es viele Bereiche, in denen mit Gefühl, Intuition, Geschmack, Ahnung, Atmosphäre und Stimmigkeit besser und erfolgreicher gearbeitet werden kann. Man denke nur an Kunst, Politik und das Heilen. Aber auch in der Wirtschaft müssen immer wieder Entscheidungen getroffen werden, bei denen man nichts in der Hand hat als eben ein gutes bzw. ein schlechtes Gefühl.

DIE ERMITTLUNG DES MONDZEICHENS

Um »Ihren persönlichen Mond« zu finden, gehen Sie nach der folgenden Beschreibung vor:

A Entnehmen Sie Ihre Jahres-Monatszahl der *Tabelle 1*:

Jahr*	Nov.	Dez.	Jahr	Nov.	Dez.	Jahr	Nov.	Dez.
1920	104	153	1948	221	257	1976	339	12
1921	237	271	1949	351	24	1977	100	132
1922	3	35	1950	111	144	1978	226	263
1923	123	159	1951	243	281	1979	1	38
1924	270	314	1952	31	68	1980	150	182
1925	48	81	1953	161	193	1981	270	303
1926	172	204	1954	281	315	1982	34	74
1927	294	330	1955	54	92	1983	171	210
1928	87	125	1956	203	239	1984	320	353
1929	218	252	1957	331	3	1985	80	113
1930	342	14	1958	92	126	1986	207	239
1931	105	142	1959	225	263	1987	344	23
1932	258	296	1960	14	50	1988	130	161
1933	29	63	1961	141	172	1989	250	284
1934	152	184	1962	263	298	1990	18	56
1935	277	314	1963	36	74	1991	156	194
1936	69	106	1964	186	221	1992	300	331
1937	200	233	1965	311	342	1993	61	95
1938	321	353	1966	74	110	1994	189	226
1939	88	126	1967	208	245	1995	329	6
1940	240	277	1968	357	31	1996	109	141
1941	10	43	1969	120	152	1997	231	266
1942	131	163	1970	245	281	1998	359	37
1943	260	298	1971	17	56	1999	140	177
1944	50	87	1972	168	202	2000	279	311
1945	181	214	1973	290	322	2001	42	76
1946	301	334	1974	55	92	2002	171	211
1947	71	116	1975	188	227	2003	313	348

B Entnehmen Sie Ihre Tageszahl aus *Tabelle 2*:

Tag	Zahl	Tag	Zahl	Tag	Zahl
1.	0	11.	132	21.	265
2.	13	12.	145	22.	278
3.	26	13.	159	23.	291
4.	40	14.	172	24.	304
5.	53	15.	185	25.	317
6.	66	16.	199	26.	331
7.	79	17.	212	27.	344
8.	92	18.	225	28.	357
9.	105	19.	238	29.	11
10.	119	20.	252	30.	24
				31.	37

C Entnehmen Sie die Stundenzahl aus *Tabelle 3*:

Geboren um	Punkte	Geboren um	Punkte
0–2 Uhr	–6	12–14 Uhr	+1
2–4 Uhr	–5	14–16 Uhr	+2
4–6 Uhr	–4	16–18 Uhr	+3
6–8 Uhr	–3	18–20 Uhr	+4
8–10 Uhr	–2	20–22 Uhr	+5
10–12 Uhr	–1	22–24 Uhr	+6

Ohne Geburtszeit beträgt die Stundenzahl 0.

* Sämtliche Planetentabellen beginnen mit dem Jahr 1920. Das bedeutet jedoch in gar keiner Weise, daß ältere Leser nicht angesprochen werden sollten. Aber irgendwo muß einfach ein Schnitt gezogen werden. Älteren Lesern wird empfohlen, sich ihre Planetenpositionen anhand eines Geburtshoroskops berechnen zu lassen (siehe Info am Ende dieses Buches).

Beispiel: Geburtstag am 29. November 1980, -zeit 10.45 Uhr:

A	Jahres-Monatszahl		150
B	Tageszahl		11
C	Stundenzahl		– 1
Summe			160
wenn über		360 (–360)	
Summe total			**160**

Das Mondzeichen lautet Jungfrau. Für dieses Beispiel kommt also der Text »Mond in der Jungfrau« in Frage. Ergibt sich ein doppeltes Mondzeichen (zum Beispiel Löwe/Jungfrau), können beide Textabschnitte richtig sein.

Hier können Sie Ihren persönlichen Mond bestimmen:

A	Jahres-Monatszahl		______
B	Tageszahl		______
C	Stundenzahl		______
Summe			______
wenn über		360 (–360)	______
Summe total			______

Die Auswertung:

Total	Mond im Zeichen
9–20	Widder
21–38	Widder/Stier
39–50	Stier
51–68	Stier/Zwillinge
69–80	Zwillinge
81–98	Zwillinge/Krebs
99–110	Krebs
111–128	Krebs/Löwe
129–140	Löwe
141–158	Löwe/Jungfrau
159–170	Jungfrau
171–188	Jungfrau/Waage
189–200	Waage
201–218	Waage/Skorpion
219–230	Skorpion
234–248	Skorpion/Schütze
249–260	Schütze
261–278	Schütze/Steinbock
279–290	Steinbock
291–308	Steinbock/Wasserm.
309–320	Wassermann
321–338	Wassermann/Fische
339–350	Fische
351–8	Fische/Widder

Ihr persönliches Mondzeichen lautet ______________________________

DIE MONDZEICHEN DER SCHÜTZEN

Wenn Sie Ihr Mondzeichen herausgefunden haben, können Sie nun ähnlich wie beim Aszendenten im folgenden etwas darüber erfahren, was es über Ihre Persönlichkeit aussagt (siehe auch die Vorbemerkung am Beginn von Teil II dieses Buches). Haben Sie ein doppeltes Zeichen ermittelt, lesen Sie wieder am besten nach, was über beide Zeichen geschrieben steht – Sie erkennen dann wie gesagt sicher schon, welches das zutreffendere ist. Im Zweifelsfall können Sie sich aber auch ein genaues Horoskop errechnen lassen (siehe Info am Ende des Buches).

Mond im Widder – FEURIG

Mondstärken Gern etwas unternehmen. Direktheit, Selbständigkeit, Ichhaftigkeit. Suche nach eigenständiger Wirksphäre. Intensives Phantasieleben. Musikalische oder bildnerische Begabung. Unkonventionelle berufliche Wege einschlagen. Ideenträger sein. Erspüren von Macht
Mondschwächen Aggressivität. Spannung

Sie sind ein außergewöhnlich reizender Mensch, wirken jung, unschuldig, unkompliziert, und ein entwaffnender Charme nimmt Ihrem Angriff jeden Stachel. Sie äußern sich sofort, wenn Ihnen etwas nicht paßt. Diplomatie zählt nicht zu Ihren Stärken. Sie geben sich unverstellt und haben Ihr Herz am rechten Fleck. Sie können aber auch, und das erstaunt bei Ihnen, sehr empfindlich sein. Versucht man, Ihre Angriffe zu parieren, reagieren Sie mit so großer Betroffenheit, daß man seine eigene Rage schnell wieder vergißt. Am schlechtesten ertragen Sie, wenn Sie übersehen werden: Ohne Erfolgserlebnisse wandeln Sie sich trotz Ihres feurigen Widdermonds in ein Lamm, das resigniert auf bessere Zeiten wartet.

Ihre Liebesfähigkeit: Wer Sie liebt, lebt im siebten Himmel oder in der zehnten Hölle. Andere Varianten des Daseins gibt es für Sie kaum. Mit Ihnen kann man reisen, jeden Sport treiben und jederzeit ein gemeinsames Geschäft eröffnen. Eine Person, die zu Hause geduldig auf ihren Allerliebsten wartet, sind Sie aber gewiß nicht.

Mond-Check

Wie weiblich macht mich mein Mond? Nicht besonders stark. Widder ist ein sehr männliches Zeichen.
Wie mütterlich macht mich mein Mond? Sie sind der Typ »Kumpel zum Pferdestehlen«, aber kein ausgeprägter Muttertyp.
Wie gefühlvoll macht mich mein Mond? Sie sind sehr feurig. Aber das bedeutet nicht, daß Sie besonders gefühlvoll sind.
Wie intuitiv macht mich mein Mond? Sie haben starke Ahnungen und Wahrträume.

Mond im Stier – ERDIG

Mondstärken Gern leben und genießen. Gefestigtes Gefühlsleben. Naturliebe. Musikalität (besonders Gesang). Sammelleidenschaft. Gutmütigkeit. Häuslichkeit. Geschmack. Praktische Begabung. Fühlen, was Sache ist. »Geld riechen«

Mondschwächen Antriebsarmut. Materialismus

Sie stehen mit beiden Füßen fest auf Mutter Erde, aber nur dort, wo etwas gedeiht. Sie handeln und denken praktisch und verlieren nie den finanziellen Aspekt aus den Augen. Über Geldmangel brauchen Sie jedenfalls nicht zu klagen. Denn wer den Mond im Stier hat, den beschenken auch die Sterne. Zudem sind Sie eine äußerst sinnliche Person. Und mit diesem Potential glänzen Sie nicht nur in der Liebe. Sie können beispielsweise phantastisch kochen.

Ihre Liebesfähigkeit: Eine hervorstechende Eigenschaft ist Ihr Mut. Sie folgen einem Partner in die Antarktis oder heiraten einen Zirkusartisten. Ausgefallenes oder Skurriles weckt Ihr Interesse und nicht selten Ihre Leidenschaft. Sie suchen einen richtigen Partner, weil Sie wissen, daß Sie auch allein leben könnten. Im anderen Lager stehen Sie daher hoch im Kurs. Sie beschwören einerseits den Traum von himmlischer Liebe, entsprechen aber gleichzeitig dem Wunsch nach einem sehr bodenständigen, praktischen Partner. Im Umgang mit Ihnen zählt Respekt. Auf Achtlosigkeit reagieren Sie zunächst höflich, dann kalt, und schließlich schwören Sie Rache – und führen sie aus.

Mond-Check

Wie weiblich macht mich mein Mond? Sie sind sehr weiblich; beinahe so etwas wie der Inbegriff von Weiblichkeit (so Sie eine Frau sind).
Wie mütterlich macht mich mein Mond? Sie haben gern Kinder und Familie.
Wie gefühlvoll macht mich mein Mond? Sie besitzen ein sehr natürliches und selbstverständliches Gefühlsleben.
Wie intuitiv macht mich mein Mond? Sie sind allen Geschöpfen der Natur sehr nah und beziehen aus der Natur Kraft und Intuition.

Mond in den Zwillingen – HEITER

Mondstärken Gern reden und kontaktieren. Vielseitigkeit, Ausdrucksfähigkeit, Kontakt- und Kommunikationsfreude. Schriftstellerische Begabung. Leichten Zugang zum Seelischen. Andere Menschen intuitiv erfassen. Sich gut darstellen können. Andere überzeugen können

Mondschwächen Oberflächlichkeit. Manipulation. Enttäuschungen

Mit Ihrem Zwillingemond sind Sie ein heiterer, fröhlicher Mensch, der sein Gefühlsleben prima im Griff hat. Besondere Talente besitzen Sie darin, andere zu unterhalten und zwischen Menschen zu vermitteln. Sie werden daher gern von solchen aufgesucht, die allein sind. Über Ihre Gefühle zu reden macht Ihnen keinerlei Probleme. Mit Unausgesprochenem, Erfühltem und Erahntem können Sie wenig anfangen. Das hilft Ihnen zwar, einen klaren Kopf zu bewahren. Aber es entgeht Ihnen auch etwas, nämlich die schöne Erfahrung, sich in Zusammenhänge eingebunden zu erleben, die den eigenen Verstand übersteigen. Sich einfach einmal von den Wogen der Gefühle mitreißen zu lassen und sich ihnen hinzugeben, das sollten Sie ausprobieren.

Ihre Liebesfähigkeit: Auch die Liebe nehmen Sie wie Ihr Leben: leicht und bunt und bar aller Ernsthaftigkeit. Einem Schmetterling gleich flattern Sie von einem Höhepunkt zum nächsten und, wenn sich die Gelegenheit ergibt, auch mal von einem Partner zum anderen. Ihre Unabhängigkeit ist Ihnen so wichtig, daß Sie lieber allein leben, als in einer engen Zweierbeziehung zu ertrinken (wie Sie es nennen). Sie brauchen Ihre Freiheit.

Mond-Check

Wie weiblich macht mich mein Mond? Das Zeichen Zwillinge ist ein männliches; entsprechend männlich sind auch Sie.
Wie mütterlich macht mich mein Mond? Sie sind absolut kein »Muttertyp«.
Wie gefühlvoll macht mich mein Mond? Sie haben schwer Zugang zu tiefen Gefühlen.
Wie intuitiv macht mich mein Mond? Sie sind sehr intuitiv und berühren leicht Seelisches.

Eine besondere Mondphase beim Mond in den Zwillingen: Vollmond

Sie sind in der Vollmondphase (zwei Tage vor bis zwei Tage nach dem Vollmond) geboren und damit ein besonderer Mensch. Denn Sie tragen in sich die lebendige Spannung zwischen Mann und Frau am deutlichsten. Das führt zu einem reichen und faszinierenden Beziehungsleben. Es kann aber auch große Konflikte für Partnerschaft und Liebe bringen.

Schau, der goldene Mond dort:
Er ißt Pomeranzen,
Schalen, die er fortwirft,
auf dem Wasser tanzen.

Spanischer Kinderreim

Mond im Krebs – GEFÜHLVOLL

Mondstärken Gern für andere dasein. Die Umwelt atmosphärisch erfassen. Erlebnistiefe. Seelische Beeindruckbarkeit. Naturverbundenheit. Starke unbewußte Kräfte. Mütterlichkeit. Häuslichkeit. Starkes Innenleben. Einfühlungsgabe. Weibliche Logik. Telepathische Fähigkeiten

Mondschwächen Täuschungen. Sich im Unbegriffenen verstricken. Probleme durch gespannte Mutterbeziehung

Sie können scherzen wie ein übermütiges Kind und die Welt mit glänzenden Augen betrachten. Sie können aber auch stumm, scheu, in sich gekehrt, abwesend und wie von einem unsichtbaren Panzer umgeben erscheinen. Wer den Mond im Krebs hat, verändert sich mit dem Wandel dieses Trabanten. Wird seine Sichel schmäler, ziehen Sie sich zurück. Nähert er sich jedoch seiner vollen, strahlenden Gestalt, wächst auch Ihr Mut. Streß und Druck versetzen Sie in Panik. Sie erledigen dann zwar Ihre Arbeit, aber von Ihrer Genialität bleibt wenig übrig.

Ihre Liebesfähigkeit: Die Liebe beherrschen Sie am vollkommensten. Sie sind anschmiegsam und lieben das Behagliche und auch Beharrliche. Um der Liebe willen würden Sie selbst am Nordpol leben; und auch dort wird es dann fein und kuschelig. Natürlich hat soviel Hingabe ihren Preis: Menschen mit dem Mond im Krebs wollen ihren Partner ganz und immer. Kompromisse gibt es nicht.

Mond-Check

Wie weiblich macht mich mein Mond? Der Krebsmond macht Sie extrem weiblich.

Wie mütterlich macht mich mein Mond? Eigene Kinder und eine Familie, für die Sie sorgen können, gehören zum Wichtigsten in Ihrem Leben.

Wie gefühlvoll macht mich mein Mond? Sie haben ein sehr starkes Gefühlsleben.

Wie intuitiv macht mich mein Mond? Ihre Träume und Ihre Intuition haben große Tiefe. Sie verfügen außerdem über große heilerische Fähigkeiten.

Mond im Löwen – STOLZ

Mondstärken Sich gern darstellen. Selbstvertrauen haben. Verantwortung übernehmen können. Künstlerische Kreativität. Ausdruckskraft. Sich für Schwächere einsetzen. Gerechtigkeitsempfinden. Unternehmungsgeist und Risikofreude. Schauspielerische Talente. Andere positiv motivieren können. Repräsentieren können

Mondschwächen Autoritätsprobleme mit weiblichen Vorgesetzten. Anlage zu Theatralik und Cholerik

Sie zeichnen sich durch einen superben Geschmack und eine untrügliche Nase für das Echte aus, sind vital, schöpferisch, originell, und Sie besitzen ein Herz aus purem Gold. In gewisser Weise ähneln Sie ganz dem Löwen, dem König unter den Tieren; auch in Ihren Adern fließt freies, ja königliches Blut. Die Beziehung zum Feuerelement ist ausgesprochen stark. Feuer, Wärme, Sonne sind Ihr Lebenselixier. Sie müssen daher immer wieder in den Süden, um Hitze aufzutanken.

Ihre Liebesfähigkeit: Wer mit Ihnen lebt, muß über ein Thema erhaben sein: Gleichberechtigung. Eine Frau oder ein Mann mit dem Mond im Löwen führen an und bestimmen den Ton. Dafür besitzt man in Ihnen einen Schatz, eine lächelnde Sonne, einen Menschen, der auf der angenehmen und erfolgreichen Seite des Lebens geht. Da muß Ihr Partner schon diesen Einsatz bringen ...

Mond-Check

Wie weiblich macht mich mein Mond? Löwemond-Menschen sind feurig und stark.
Wie mütterlich macht mich mein Mond? Sie spielen gern Mutter und verwöhnen andere.
Wie gefühlvoll macht mich mein Mond? Sie haben spontane, feurige Gefühle, verlieren sie aber auch schnell wieder.
Wie intuitiv macht mich mein Mond? Licht und Wärme nährt Ihre Intuition und führt zu großer Kreativität und Schöpferkraft.

Mond in der Jungfrau – FRÖHLICH

Mondstärken Gern organisieren, ordnen, ausführen. Fähigkeit zu gewissenhafter Prüfung. Hochentwickelter Sozialgedanke. Gespür für alle Bereiche, die mit Gesundheit zu tun haben. Zugang zu geheimem Wissen. Feines Gespür. Pflichtgefühl. Konzentrationsfähigkeit. Bewußtsein für Ernährung

Mondschwächen Ungelebte Emotionen manifestieren sich als psychosomatische Störungen

Sie sind äußerst anpassungsfähig. Sie stellen sich nur ungern gegen den Wind, »floaten« lieber und richten sich wie ein leichter Segler nach sanften Brisen. Sie drängeln auch nicht nach vorn. Bescheidenheit gehört zu Ihrem Naturell, und gegen jede Art von Hochstapelei sind Sie richtiggehend allergisch.

Ihre Liebesfähigkeit: Sie haben ein ausgesprochen fröhliches Naturell und trachten danach, Ihr eigenes Leben und das Ihres Partners so angenehm wie möglich zu gestalten. Aus allem das Beste zu machen, darin sind Sie sogar ein unübertroffener Meister. Ihre eigene Stimmung ist oft abhängig von der Ihres Partners. Fühlt er sich glücklich, sind Sie es auch. Was Ihre Treue anbelangt, sind Sie das Spiegelbild Ihres Partners: Was er sich leistet, leisten Sie sich auch. Selten brechen Sie als erste(r) aus. Geschieht es dennoch, ist das garantiert ein Zeichen dafür, daß der Energiefluß zwischen Ihnen und Ihrem Partner nicht mehr stimmt.

Mond-Check

Wie weiblich macht mich mein Mond? Eher mädchenhaft als weiblich (und burschikos beim Mann). Jungfrau ist ein weibliches Zeichen, und entsprechend weiblich sind Sie auch selbst.

Wie mütterlich macht mich mein Mond? Sie können die Aufgaben einer Mutter erfüllen, fühlen sich aber eher zu etwas anderem berufen.

Wie gefühlvoll macht mich mein Mond? Gefühlen gegenüber sind Sie eher mißtrauisch.

Wie intuitiv macht mich mein Mond? Die Natur ist Ihre große Lehrmeisterin. Sie können durch Wissen und Ihre heilenden Gaben ein Segen für andere Menschen werden.

Frau Mond schenkt Geborgenheit, Fruchtbarkeit und Intuition

Mond in der Waage – VERLIEBT

Mondstärken Andere spüren können. Gern unter Leuten sein. Kontaktfreude. Sinn für Ästhetik, Kunst, Schönheit. Verbindend und ausgleichend sein. Gerechtigkeitsliebe

Mondschwächen Sich schlecht entscheiden können. Allein unsicher sein. Antriebsarmut. Überempfindlichkeit

In Ihrer gefühlsmäßigen Stimmung richten Sie sich stark nach der Zuneigung und Sympathie Ihrer Mitmenschen. Ihr großes Bedürfnis nach Harmonie und Ihr Widerwille gegen Streit und Konfrontation kann Sie allerdings dazu verleiten, bestehende Differenzen der äußeren Form zuliebe nicht wahrhaben zu wollen. Das Aushalten und Akzeptieren von derartigen Ecken und Kanten im Leben bringt Sie einer ganzheitlichen Lebenserfahrung näher. Menschen, die selber nicht so ausgeprägt beziehungsorientiert sind, fühlen sich von Ihnen oft angezogen. Nach außen hin wirken Sie stark. Kennt man Sie aber näher, entdeckt man eine sensible Seele, Kinderträume und eine starke Suche nach Harmonie. Sie sind für die hübsche Seite des Lebens geboren. Mit der täglichen Routine hingegen haben Sie Ihre liebe Not.

Ihre Liebesfähigkeit: Sie sind der hingebungsvollste, einfühlsamste, zarteste, bezauberndste Mensch. Trotzdem zweifeln Sie immer zuerst an sich selbst, wenn Disharmonie aufkommt, und geben sich die Schuld an einer gescheiterten Beziehung. Hier sollten Sie lernen, sich stärker abzugrenzen und ruhig etwas egoistischer zu denken.

Mond-Check

Wie weiblich macht mich mein Mond? Er macht Sie zärtlich, einfühlsam und weiblich, jedoch nicht zu weiblich.
Wie mütterlich macht mich mein Mond? Sie können sich Kindern gegenüber schlecht durchsetzen.
Wie gefühlvoll macht mich mein Mond? Sie mögen Stimmungen, haben aber Probleme mit starken Emotionen.
Wie intuitiv macht mich mein Mond? Sie sind sehr sensibel und ungeheuer phantasievoll.

Mond im Skorpion – LEIDENSCHAFTLICH

Mondstärken Hinterfragen und aufdecken.
Im Krisenfall stark werden. Verantwortung übernehmen.
Okkulte, hellseherische, magische Fähigkeiten.
Mit suggestiver Ausstrahlung andere beeindrucken
Mondschwächen Ungelöste Familienproblematiken.
Von der Mutter nicht loskommen. Subtile Herrschsucht

Im Umgang mit Ihren Mitmenschen legen Sie oft eine gewisse Heftigkeit und Unberechenbarkeit an den Tag. Es ist daher für viele nicht leicht, die Motive Ihrer Handlungen nachzuvollziehen. So schwanken manche zwischen Bewunderung und Ablehnung. Man spürt, daß man sich auf große Intensität und Gefühlstiefe einläßt, wenn man eine Beziehung mit Ihnen eingeht. So ist Ihr Lebensstil weniger von äußerlicher Bequemlichkeit geprägt als von Entschlossenheit und Konsequenz.

Ihre Liebesfähigkeit: Ihr Seelenleben quillt über an Emotionen. Höchste Ekstase, teuflische Eifersucht, schmachtendes Sehnen, unüberbietbarer Sex, kosmische Vereinigung – es ist nahezu alles dabei. Darüber hinaus reagieren Sie allergisch auf jede Spur von Routine. Ein Leben mit Ihnen bleibt immer aufregend, und zugleich hat man einen Menschen an seiner Seite, der erst in Krisen richtig stark wird. Eines sollten Ihre Weggefährten noch beherzigen: Sie verzeihen alles, aber vergessen nichts. Wer daher grob Absprachen bricht, erhält, was ein Skorpion nur im äußersten Notfall produziert: martialisches Gift.

Mond-Check

Wie weiblich macht mich mein Mond? Sie besitzen große weibliche Kräfte.
Wie mütterlich macht mich mein Mond? Sie sind eine gute Mutter – auch als Mann.
Wie gefühlvoll macht mich mein Mond? Extrem gefühlvoll und leidenschaftlich.
Wie intuitiv macht mich mein Mond? Sie sind offen für magische Schwingungen und haben manchmal Visionen.

Mond im Schützen – UNABHÄNGIG

Mondstärken Optimistisch, motivierend, begeisterungsfähig, vielseitig. Schauspielerische Begabung. Rhythmus- und Musikgefühl. Im Ausland leben können. Schriftstellerische Talente. Sportliche Fähigkeiten und Interessen
Mondschwächen Überzogene Führungsansprüche. Blauäugigkeit. Naivität

Aus einer meistens optimistischen und lebensbejahenden Grundstimmung heraus lassen Sie sich leicht begeistern und mitreißen. Sie haben hohe Ansprüche und Ideale an sich selbst, aber auch an diejenigen Menschen, die Sie umgeben. Dabei kann es Ihnen passieren, daß Sie leicht einmal ins Schwärmen kommen, den Kontakt mit der konkreten Wirklichkeit verlieren und in Schwierigkeiten geraten. Ihr grundsätzlicher Optimismus bewahrt Sie aber davor, in Problemen zu versinken. Zwischen Hoffnung und Erfüllung lebend, entwachsen Sie nie ganz dem kindlichen Land Phantasia und suchen in der Welt die Erfüllung Ihrer Träume. Am stärksten werden Sie, wenn es darum geht, andere zu überzeugen und mitzureißen.

Ihre Liebesfähigkeit: Zuallererst brauchen Sie einen Partner, der Ihre Unabhängigkeit bewundert und Sie nicht einengt. Zweitens darf Ihr Partner nicht narzißtisch sein, denn Sie sind schonungslos offen; er muß die Wahrheit schon ertragen können. Drittens braucht Ihr Partner geistige Größe (Sie haben Sie schließlich auch), denn für Sie ist Liebe viel mehr als eine Bettgeschichte, nämlich ein Zusammentreffen von Körper, Geist und Seele.

Mond-Check
Wie weiblich macht mich mein Mond? Auch als Frau stehen Sie leicht Ihren Mann.
Wie mütterlich macht mich mein Mond? Sie haben etwas gegen zuviel Mütterlichkeit.
Wie gefühlvoll macht mich mein Mond? Sie sind feurig, ekstatisch – aber nicht gerade gefühlvoll.
Wie intuitiv macht mich mein Mond? Sie verfügen über eine große Intuition und Seelenstärke.

Eine besondere Mondphase beim Mond im Schützen: Neumond
Sie sind in der Neumondphase (zwei Tage vor bis zwei Tage nach Neumond) geboren. Sie sind damit ein besonderer Mensch. Denn in Ihnen ist eine große Sehnsucht nach inniger Nähe zu geliebten Menschen, die Sie in einer erfüllten Partnerschaft zu verwirklichen versuchen.

Füllest wieder Busch und Tal
Still mit Nebelglanz
Lösest endlich auch einmal
Meine Seele ganz.

Johann Wolfgang von Goethe

Mond im Steinbock – SELBSTÄNDIG

Mondstärken Klares Gefühlsleben. Selbstbeherrschung und Pflichtbewußtsein. Streben nach Objektivität und Klarheit. Ernsthaftigkeit. Liebe zu Beruf und Karriere. Suche nach sozialer oder politischer Verantwortung

Mondschwächen Sich selbst zu negativ sehen. Abhängigkeit von beruflichem Erfolg. Gefühlskontrolle

Der erste Eindruck von Ihnen ist oft der eines kühlen Menschen. Aber unter dem Hauch von Frostigkeit wartet ein warmes, anschmiegsames Geschöpf. Ihre weiche Seele zeigen Sie jedoch nur denjenigen, die Ihren hohen Ansprüchen genügen. Ihr Leben nehmen Sie selbst in die Hand. Sie brauchen einen Beruf und keinen Job und sollten daher eine qualifizierte Ausbildung anstreben. Diese wird sich auszahlen, denn mit dem Mond im Steinbock haben Sie die richtigen Voraussetzungen für Erfolg und Karriere.

Ihre Liebesfähigkeit: Die Behauptung, Sie seien abweisend und kalt, stammt garantiert von Personen, die bei Ihnen nicht landen konnten. Sie jedenfalls suchen auch beim Thema Liebe das Besondere, möchten auch hier Gipfel erleben. Aber Sie haben Ihre Gefühle im Griff, stehen über ihnen und mögen es nicht, wenn Menschen sich von den Launen ihrer Gefühle abhängig machen. Große Taten vollbringen Sie selbst, an Ihrem Traumpartner reizt Sie das andere; Sie erwarten Seelentiefe und – ganz im Gegenteil zu sich selbst – ein fast kindliches Gemüt. Auch das Rätselhafte übt einen magnetischen Einfluß auf Sie aus.

Mond-Check

Wie weiblich macht mich mein Mond? Sie sind sehr weiblich, auch ohne es nach außen hin deutlich zu zeigen.
Wie mütterlich macht mich mein Mond? Auch Ihre Mütterlichkeit ist ausgeprägt. Aber Sie wollen ebenso Karriere machen.
Wie gefühlvoll macht mich mein Mond? Sie verdrängen unliebsame Gefühle, was diese nur noch stärker macht.
Wie intuitiv macht mich mein Mond? Sie haben Zugang zu Wahrträumen.

Mond im Wassermann – FREI

Mondstärken Sozial, human, aufgeschlossen. Ungebunden. Veränderungsliebe. Reisefreude. Erfindungsgabe. Intuitionskraft. Vorurteilslosigkeit. Reformwillen
Mondschwächen Zwanghaft antiautoritäres Denken und Handeln. Verwirrtheit

Wenn Sie wollen, beherrschen Sie die feinsten gesellschaftlichen Umgangsformen, aber Sie können auch gegen jede Regel verstoßen. Jedenfalls sind Sie stets für eine Überraschung gut und lassen sich nicht in Normen pressen. Sie wollen, ja, müssen anders sein als alle anderen. Eine kreative Tätigkeit entspricht Ihrer Veranlagung. Dagegen werden Sie mit dem Frust, den das Leben bringt, schlecht fertig. Allem Neuen gegenüber zeigen Sie sich enthusiastisch. Aber Ihr Interesse erlischt auch schnell wieder. Sie müssen daher lernen, am Ball zu bleiben.

Ihre Liebesfähigkeit: Ihr Liebesleben ist widersprüchlich. Auf der einen Seite spielen Sie mit dem Feuer, haben das Flirten für Ihr Leben gern und sind bereit, sich auch in eine aussichtslose Beziehung einzulassen, wenn diese nur genügend Aufregung verspricht. Auf der anderen Seite können Sie völlig ohne Sexualität auskommen. Das liegt daran, daß Sie mit dem Mond im Wassermann hohe und ausgesprochen idealistische Ansprüche an die Liebe stellen. Tief in Ihrer Seele empfinden Sie sich als Engel und streben nach einer geistigen, beinah überirdischen Liebe, bei der das Körperliche nur noch eine Nebenrolle spielt.

Mond-Check
Wie weiblich macht mich mein Mond? Der Wassermannmond hebt Sie beinahe über die Unterscheidung männlich–weiblich: Beide Seiten sind Ihnen sehr vertraut.
Wie mütterlich macht mich mein Mond? Sie sind der beste Gefährte und Freund aller Kinder, aber absolut kein Muttertyp.
Wie gefühlvoll macht mich mein Mond? Tiefen Gefühlen gegenüber sind Sie mißtrauisch.
Wie intuitiv macht mich mein Mond? Sie haben häufig Offenbarungsträume, in denen Sie Hinweise für Ihren Lebensweg erhalten.

Mond in den Fischen – MYSTERIÖS

Mondstärken Mediale Fähigkeiten. Heilerische Qualitäten. Kraft durch Glauben. Sensibilität beruflich nutzen können (zum Beispiel als Heilpraktiker). Liebe für andere, Liebe zur Schöpfung. Sich auf instinkthaftes Gespür verlassen können

Mondschwächen Wirre Phantasievorstellungen. Unsicherheit. Bindungslosigkeit

Sie sind vielschichtig und widersprüchlich: Sie können in einer Woge des Mitgefühls für die gesamte Schöpfung schwimmen, aber manchmal stehen Sie abgehoben und einsam über dem Rest der Welt. Sie verfügen über feinste Antennen, erahnen sogar die Gedanken anderer, und dann wieder stapfen Sie bereitwillig in jedes nur erdenkliche Fettnäpfchen. Ihre Intuition ist ungeheuer. Manche unter Ihnen ahnen in ihren Träumen zukünftige Ereignisse voraus. Auch als Heiler und Helfer vollbringen Sie beinahe Wunder. Wie mit einem sechsten Sinn behaftet, spüren Sie, was einem anderen fehlt. Sie müssen sich aber auch schützen, denn Sorgen und Probleme springen nur allzu leicht von anderen auf Sie selbst über.

Ihre Liebesfähigkeit: Es ist leicht, sich in Sie zu verlieben, denn Sie locken und verführen mit einem sphinxartig-unergründlichen Wesen. Jeder fühlt sich verstanden und erlöst von seiner Einsamkeit. Die Partnerschaft mit Ihnen ist jedoch eine ganz andere Sache. Wer sie eingeht, beherrscht früher oder später die Quadratur des Kreises. Sie sind nicht nur ein schillerndes und anmutiges, sondern auch ein äußerst widersprüchliches Geschöpf. Hält Ihr Partner dies aus, werden Sie ihm aber viel Glück, Freude und Segen bringen.

Mond-Check

Wie weiblich macht mich mein Mond? Sie sind äußerst weiblich, können diese Seite aber auch vollkommen verstecken und verdrängen.
Wie mütterlich macht mich mein Mond? Sie fühlen sich als Mutter der gesamten Schöpfung.
Wie gefühlvoll macht mich mein Mond? Sie sind ungeheuer gefühlvoll.
Wie intuitiv macht mich mein Mond? Unter allen Mondstellungen sind Sie am intuitivsten.

Das Merkurhoroskop –
SCHLAU, KOMMUNIKATIV UND GÖTTLICH BERATEN SEIN

Der römische Gott Merkur entspricht ganz dem Hermes der griechischen Mythologie. Er war ein äußerst schillernder Gott, ausgestattet mit zahlreichen Eigenschaften und Funktionen. Respekt und Bewunderung erwarb er sich durch Klugheit und Raffinesse. So stahl er – gerade erst als Sohn des Jupiter und der Nymphe Maia geboren – dem Gott Apoll eine Rinderherde. Von diesem zur Rede gestellt, spielte er auf einem mit Fell und Saiten versehenen Schildkrötenpanzer derart gekonnt auf, daß Apolls Zorn verflog und er ihm die Rinder im Tausch gegen das Musikinstrument überließ. »Ganz nebenbei« hatte Merkur auf diese Weise die Lyra »erfunden«, jenes zauberhafte Instrument, mit dem später Orpheus Menschen wie Götter verzauberte.

Gott Merkur war also klug und listig – und genau diese Fähigkeit verleiht er auch uns Menschen. Er macht beredt, erfinderisch und verhilft einem auch mal zu einer guten Ausrede. Seiner listigen Eigenschaften wegen wurde er zum Gott der Kaufleute, Diebe und Bänkelsänger. Seine Fröhlichkeit machte ihn zum Schutzpatron all derjenigen, die auf heiteren Wegen wandeln. Und sein Diebstahl der Kühe ließ ihn selbstredend zum Gedeihen der Viehherden beitragen. Infolge seiner Lust am Reden und seines Talents, sich allemal in ein günstiges Licht zu setzen, wurde er der göttliche Freund all derer, die viel sprechen, schreiben und auf der Bühne stehen: Dichter, Sänger, Schauspieler, Politiker, Talkmaster, Ansager, Komiker, Artisten oder Musiker. Wie wir denken, reden, kommunizieren, uns darstellen und uns verkaufen, das alles verrät die Position Merkurs in unserem Horoskop. Er verkörpert unsere unbeschwerte Seite und den leichtesten Weg, den man gehen kann.

Aber Merkur hat noch mehr auf Lager: Bei den Griechen galt er als Diener Jupiters und als Götterbote, der zwischen dem Olymp, dem Wohnort der Unsterblichen, und den Menschen drunten auf der Erde vermittelte. Und er begleitete auch die Seelen der Verstorbenen in die Unterwelt. Er besaß geflügelte Sandalen und einen geflügelten Hut, damit er rasch hin und her eilen konnte. Ein weiteres Attribut war sein Heroldsstab, der Kerykeion, ein Zauberstab.

Hermes überbrachte also den Willen seines Vaters Zeus. So führte er zum Beispiel in dessen Auftrag Hera, Athene und Aphrodite zum Idagebirge, wo Paris den goldenen Apfel der – seiner Wahl nach – schönsten der Frauen überreichen sollte. Seine Entscheidung für Aphrodite, die ihm dafür Helena versprochen hatte, löste später bekanntlich den Trojanischen Krieg aus.
Tatsächlich fungiert Merkur auch in der Astrologie als eine Art »Empfangs- und Sendestation«. Wo er sich in unserem Horoskop befindet, sind uns die Götter besonders nah und übermitteln uns ihre Botschaften und Nachrichten. Umgekehrt können wir dort die Götter am ehesten erreichen.
Merkur ist der sonnennächste Planet. Er zieht seine Kreise um unser Zentralgestirn so eng, daß er sich nie mehr als ein Zeichen von der Sonne entfernen kann. Das führt auch dazu, daß Merkur in vielen Horoskopen die gleiche Tierkreiszeichenposition einnimmt wie die Sonne.

DIE ERMITTLUNG DES MERKURZEICHENS

Suchen Sie in der folgenden Merkurtabelle Ihren Geburtstag, und entnehmen Sie Ihre Merkurposition, die Sie auf den entsprechenden Text im anschließenden Kapitel über Ihr Merkurzeichen verweist. (Siehe auch die Vorbemerkung am Beginn von Teil II dieses Buches.)

Die Merkurtabelle

1920* 22.11.–10.12. Skorpion, 11.12.–22.12. Schütze, **1921** 22.11.–4.12. Skorpion, 5.12.–22.12. Schütze, **1922** 22.11.–27.11. Skorpion, 28.11.–16.12. Schütze, 17.12.–22.12. Steinbock, **1923** 22.11.–9.12. Schütze, 10.12.–22.12. Steinbock, **1924** 22.11.–2.12. Schütze, 3.12.–22.12. Steinbock, **1925** Schütze, **1926** 22.11.–28.11. Schütze, 29.11.–13.12. Skorpion, 14.12.–22.12. Schütze, **1927** 22.11.–8.12. Skorpion, 9.12.–22.12. Schütze, **1928** 22.11.–30.11. Skorpion, 1.12.–20.12.

* Siehe auch die Anmerkung zur Mondtabelle.

Schütze, 21.12.–22.12. Steinbock, **1929** 22.11.–23.11. Skorpion, 24.11.–12.12. Schütze, 13.12.–22.12. Steinbock, **1930** 22.11.–6.12. Schütze, 7.12.–22.12. Steinbock, **1931** 22.11.–1.12. Schütze, 2.12.–19.12. Steinbock, 20.12.–22.12. Schütze, **1932** Schütze, **1933** 22.11.–11.12. Skorpion, 12.12.–22.12. Schütze, **1934** 22.11.–5.12. Skorpion, 6.12.–22.12. Schütze, **1935** 22.11.–28.11. Skorpion, 29.11–17.12. Schütze, 18.12.–22.12. Steinbock, **1936** 22.11.–9.12. Schütze, 10.12.–22.12. Steinbock, **1937** 22.11.–3.12. Schütze, 4.12.–22.12. Steinbock, **1938** Schütze, **1939** Schütze, **1940** 22.11.–8.12. Skorpion, 9.12.–22.12. Schütze, **1941** 22.11.–2.12. Skorpion, 3.12.–21.12. Schütze, 22.12. Steinbock, **1942** 22.11.–25.11. Skorpion, 26.11.–14.12. Schütze, 15.12.–22.12. Steinbock, **1943** 22.11.–7.12. Schütze, 8.12.–22.12. Steinbock, **1944** 22.11.–30.11. Schütze, 31.11.–22.12. Steinbock, **1945** Schütze, **1946** 22.11.–12.12. Skorpion, 13.12.–22.12. Schütze, **1947** 22.11.–6.12. Skorpion, 7.12.–22.12. Schütze, **1948** 22.11.–29.11. Skorpion, 30.11.–18.12. Schütze, 19.12.–22.12. Steinbock, **1949** 22.11.–10.12. Schütze, 11.12.–22.12. Steinbock, **1950** 22.11.–4.12. Schütze, 5.12.–22.12. Steinbock, **1951** 22.11.–1.12. Schütze, 2.12.–12.12. Steinbock, 13.12.–22.12. Schütze, **1952** Schütze, **1953** 22.11.–9.12. Skorpion, 10.12.–22.12. Schütze, **1954** 22.11.–3.12. Schütze, 4.12.–22.12. Steinbock, **1955** 22.11.–26.11. Skorpion, 27.11.–15.12. Schütze, 16.12.–22.12. Steinbock, **1956** 22.11.–7.12. Schütze, 8.12.–22.12. Steinbock, **1957** 22.11.–1.12. Schütze, 2.12.–22.12. Steinbock, **1958** Schütze, **1959** 22.11.–25.11. Schütze, 26.11.–12.12. Skorpion, 13.12.–22.12. Schütze, **1960** 22.11.–6.12. Skorpion, 7.12.–22.12. Schütze, **1961** 22.11.–30.11. Skorpion, 31.11.–19.12. Schütze, 20.12.–22.12. Steinbock, **1962** 22.11.–23.11. Skorpion, 24.11.–12.12. Schütze, 13.12.–22.12. Steinbock, **1963** 22.11.–5.12. Schütze, 6.12.–22.12. Steinbock, **1964** 22.11.–30.11. Schütze, 1.12.–16.12. Steinbock, 17.12.–22.12. Schütze, **1965** Schütze, **1966** 22.11.–10.12. Skorpion, 11.12.–22.12. Schütze, **1967** 22.11.–5.12. Skorpion, 6.12.–22.12. Schütze, **1968** 22.11.–26.11. Skorpion, 27.11.–16.12. Schütze, 17.12.–22.12. Steinbock, **1969** 22.11.–8.12. Schütze, 9.12.–22.12. Steinbock, **1970** 22.11.–2.12. Schütze, 3.12.–22.12. Steinbock, **1971** Schütze,

1972 22.11.–29.11. Schütze, 30.11.–12.12. Skorpion, 13.12.–22.12. Schütze, **1973** 22.11.–8.12. Skorpion, 9.12.–22.12. Schütze, **1974** 22.11.–1.12. Skorpion, 2.12.–20.12. Schütze, 21.12.–22.12. Steinbock, **1975** 22.11.–24.11. Skorpion, 25.11.–13.12. Schütze, 14.12.–22.12. Steinbock, **1976** 22.11.–5.12. Schütze, 6.12.–22.12. Steinbock, **1977** 22.11.–30.11. Schütze, 1.12.–21.12. Steinbock, 22.12. Schütze, **1978** Schütze, **1979** 22.11.–11.12. Skorpion, 12.12.–22.12. Schütze, **1980** 22.11.–5.12. Skorpion, 6.12.–22.12. Schütze, **1981** 22.11.–28.11. Skorpion, 29.11.–17.12. Schütze, 18.12.–22.12. Steinbock, **1982** 22.11.–10.12. Schütze, 11.12.–22.12. Steinbock, **1983** 22.11.–3.12. Schütze, 4.12.–22.12. Steinbock, **1984** 22.11.–1.12. Schütze, 2.12.–7.12. Steinbock, 8.12.–22.12. Schütze, **1985** 22.11.–4.12. Schütze, 5.12.–10.12. Skorpion, 11.12.–22.12. Schütze, **1986** 22.11.–9.12. Skorpion, 10.12.–22.12. Schütze, **1987** 22.11.–2.12. Skorpion, 3.12.–22.12. Schütze, **1988** 22.11.–24.11. Skorpion, 25.11.–13.12. Schütze, 14.12.–22.12. Steinbock, **1989** 22.11.–7.12. Schütze, 8.12.–22.12. Steinbock, **1990** 22.11.–1.12. Schütze, 2.12.–22.12. Steinbock, **1991** Schütze, **1992** 22.11.–11.12. Skorpion, 12.12.–22.12. Schütze, **1993** 22.11.–6.12. Skorpion, 7.12.–22.12. Schütze, **1994** 22.11.–29.11. Skorpion, 30.11.–18.12. Schütze, 19.12.–22.12. Steinbock, **1995** 22.11.–11.12. Schütze, 12.12.–22.12. Steinbock, **1996** 22.11.–3.12. Schütze, 4.12.–22.12. Steinbock, **1997** 22.11.–29.11. Schütze, 30.11.–12.12. Steinbock, 13.12.–22.12. Schütze, **1998** Schütze, **1999** 22.11.–10.12. Skorpion, 11.12.–22.12. Schütze, **2000** 22.11.–2.12. Skorpion, 3.12.–22.12. Schütze, **2001** 22.11.–25.11. Skorpion, 26.11.–14.12. Schütze, 15.12.–22.12. Steinbock, **2002** 22.11.–7.12. Schütze, 8.12.–22.12. Steinbock, **2003** 22.11.–2.12. Schütze, 3.12.–22.12. Steinbock

Merkur im Skorpion – TIEFES DENKEN

Merkurstärken Hinterfragendes, bohrendes Denken, den Dingen auf den Grund gehen
Merkurschwächen Subjektiv verfälschtes Denken

Ähnlich wie der Krebs denken Sie »mit dem Bauch«. Ihre Gefühle gehen in Ihr Denken ein und färben es subjektiv. Ihre Schlußfolgerungen und Einfälle hängen stark davon ab, wie Sie gerade »drauf sind«. Damit wecken Sie bei anderen Menschen, vor allem dem männlichen Geschlecht, Widerspruch und Ablehnung. Man bemängelt, daß Sie nicht rational argumentieren. Aber aus der ganzheitlichen Sicht gesehen ist Ihre Art völlig in Ordnung. Denn Gefühle sind ja nichts »Verkehrtes«, in ihnen kommt das Leben selbst zu Wort. Und genau das ist Ihre Stärke mit Merkur im Skorpion: den Puls des Lebens aufzuspüren.
Sie wollen den Dingen auf den Grund kommen und legen gern »den Finger in die Wunde«. Sie können wahnsinnig hartnäckig sein, wenn Sie nur den leisesten Verdacht haben, daß etwas nicht stimmt, daß etwas versteckt oder verheimlicht wird. Zuweilen schießen Sie auch übers Ziel hinaus und vermuten »Gespenster«. Aber das ist noch lange kein Grund, an Ihrer Art des Denkens und Argumentierens zu zweifeln oder sich von anderen verunsichern zu lassen.
Ebenso tief sind Ihre menschlichen Beziehungen. Nach dem Motto »Alles oder nichts« gehen Sie oberflächlichen Kontakten aus dem Weg, haben daher auch entsprechende Vorbehalte gegen »Small talk« bzw. belangloses Partygeplauder.

Merkur-Check
Wie leicht fällt es mir, Kontakt zu schließen? Ich versuche, oberflächliche Kontakte zu vermeiden, und wünsche mir einen tiefen Austausch mit anderen.
Was bringt mich »den Göttern« näher? Mich mit jemanden tief austauschen, verstanden werden, leben, wie es für mich stimmt.

Merkur im Schützen – INSPIRIERTES DENKEN

Merkurstärken	Optimistisches Denken, die Gabe der Inspiration
Merkurschwächen	Flüchtigkeit, die Realität in einem zu rosigen Licht sehen, die eigenen Schwächen nicht sehen

Ihr Denken ist nicht logisch und auch nicht unbedingt von Erfahrungen geprägt. Merkur im Schützen verhilft Ihnen zu Ideen und Inspirationen, die Ihnen scheinbar in den Schoß fallen, so als fielen sie vom Himmel. Wenn Sie beginnen, Ihre Argumente zu begründen, geraten Sie in Schwierigkeiten. Und eigentlich braucht man bei Eingebungen auch nichts zu begründen. Es ist eine in sich stimmige Art, die Welt zu erfahren und zu verarbeiten. Sie können sich sogar so stark mit Ihrer geheimnisvollen Quelle der Inspiration verbinden, daß Sie die Herzen anderer Menschen berühren und öffnen. Merkur im Schützen macht Sie zu einer Art »Menschenflüsterer«.

Diese Gabe benötigt viel Umsicht. Sie bewegen sich ja im Raum des Geistes, der Ideen und des Glaubens. Dabei verliert man schnell den realen Boden unter den Füßen, wird naiv oder überheblich. Sie sollten wissen, daß Merkur im Schützen einen dazu verleitet, die eigenen Ideen als der Weisheit letzten Schluß zu betrachten – egal, wie platt sie auch sein mögen. Sie brauchen daher Selbstkritik und Bescheidenheit, müssen immer wieder innehalten und sich in Frage stellen. Lassen Sie sich aber auf keinen Fall Ihre Gabe der Inspiration ausreden, und zweifeln Sie vor allem nicht selbst daran!

Ihre Kontakte sind ebenfalls stürmisch. Sie können andere Menschen mitreißen und von einer Sache überzeugen. Doch auch diese Gabe hat ihre Gefahren, nämlich daß Sie anderen etwas aufzwingen oder sie verführen.

Merkur-Check

Wie leicht fällt es mir, Kontakt zu schließen? Ich besitze die Fähigkeit, andere mitzureißen.

Was bringt mich »den Göttern« näher? Diskutieren, die Wahrheit erörtern und ihr näherkommen, inspiriert sein von einer neuen Idee.

Merkur im Steinbock – OBJEKTIVES DENKEN

Merkurstärken Gründliches, sachliches, konzentriertes, erfahrungsorientiertes Denken
Merkurschwächen Starrsinn

Ihr Denken ist sachlich, genau und praktisch. Sie beziehen sich in Ihren Überlegungen auf eigene Erfahrungen, sind aber auch offen für Erfahrungen zuverlässiger Herkunft. Das verleiht Ihnen Sicherheit und Glaubwürdigkeit. Obendrein führt Merkur im Steinbock zu einem grundsätzlichen Mißtrauen. Sie neigen dazu, sich – vielleicht, ohne es selbst zu bemerken – als »letzte Instanz«, als entscheidendes Prüfungsorgan zu verstehen. Gleich einer Art TÜV suchen Sie nach Fehlern und Mißständen, und wenn welche existieren, dann werden sie von Ihnen auch entdeckt. Neuem gegenüber sind Sie besonders skeptisch. Bei Inspektionen, Korrekturen, wissenschaftlichen Arbeiten und überall sonst, wo es gilt, Fehler zu vermeiden, sind Sie unübertrefflich. Sie verleihen Ideen den tragfähigen Grund, und Sie sind die beste Garantie, daß Pläne und Vorhaben zu Ende geführt werden. Aber Ihr Merkur im Steinbock hat auch seine Schattenseiten. Manchmal nehmen Sie durch Ihre kritische Art anderen die Lust. Sie können eine Aura des Mißtrauens und Pessimismus verbreiten. Im zwischenmenschlichen Bereich wirken Sie unterkühlt und abweisend. Sie müssen achtgeben, das Kind nicht mit dem Bad auszuschütten. Fragen Sie sich selbst, wie konstruktiv Ihre Einwände sind. Halten Sie sich zurück, wenn es um die Entwicklung neuer Ideen geht. Beobachten Sie zuerst, bevor Sie sich einschalten. Es wäre traurig, wenn Sie Ihre große Merkurbegabung durch Kleinlichkeit und Unüberlegtheit zunichte machten.

Merkur-Check
Wie leicht fällt es mir, Kontakt zu schließen? Es fällt mir schwer, auf andere zuzugehen. Nur im sachlichen Austausch bin ich sicher.
Was bringt mich »den Göttern« näher? Erfolgreich mit meiner Arbeit vorankommen, meine Annahmen bestätigt finden, Anerkennung erlangen.

Das Venushoroskop –
IHRE LIEBESFÄHIGKEIT

Venuszeichen

Kurz nach Sonnenuntergang – der Westen badet sich noch in goldenem Rot, im Osten kündet ein stahlblauer Himmel die heraufziehende Nacht an – kann man sie sehen, die Venus. Sie ist so hell, daß man sie manchmal mit den Lichtern eines Flugzeugs verwechselt. Und in Gegenden, die nicht künstlich erleuchtet sind, überkommt den Betrachter bei ihrem Anblick fast das Gefühl einer außerirdischen Begegnung. Der Tag geht zur Ruhe, Venus läutet den Feierabend ein, jene Zeit, die weder der Arbeit noch dem Schlaf gehört, vielmehr der Muße – und der Liebe.
Aber Venus verzaubert nicht nur den Abend, sondern auch den Morgen. Denn die Hälfte des Jahres läuft sie, wie wir es von der Erde aus sehen, der Sonne nach, sie steht dann als Venus des Abends nach Son-

nenuntergang noch einige Zeit am Abendhimmel. Die andere Hälfte jedoch läuft sie der Sonne voraus und steigt als Venus des Morgens vor der Sonne über den östlichen Horizont als strahlende Botin des neuen Tages.

Venus oder die griechische Entsprechung Aphrodite trug den Namen »Schaumgeborene«: Dem Mythos nach hat Kronos (Saturnus), der Vater des Zeus, das Zeugungsglied seines Vaters Uranos ins Meer geworfen. Aus dem Schaum, der sich dabei bildete, ist die Göttin der Schönheit entstanden (griechisch *aphrós* = »Schaum«).

Sie galt als die fruchtbare Göttin des blühenden Frühlings und der überströmenden Frühlingslust. Sie war die Beschützerin der Gärten, Blumen und Lusthaine. Ihre Lieblingsgewächse waren Myrten, Rosen und Lilien, ihre Frucht der Apfel, ihre bevorzugten Tiere waren Widder, Böcke, Hasen, Tauben und die bunten Schmetterlinge. Vor allem aber war Venus/Aphrodite eine Frau, deren unvergleichliche Schönheit die Männer betörte. Man fand schier kein Ende, all ihre Reize aufzuzählen: göttlicher Wuchs, strahlende Augen, verlockender Blick, rosenknospiger Mund, zierliche Ohren, reizender Busen und, und, und ...

Im Vergleich dazu sah ihr häßlicher, hinkender Ehemann Hephaistos, der Gott des Erdfeuers und Schutzgott der Schmiedekunst, ziemlich alt aus, wie man heute sagen würde. Sie nutzte denn auch jede Gelegenheit zu einem Seitensprung. Der bekannteste (und folgenreichste) war wohl jener mit Mars, dem Amor, der spitzbübische Junge mit den heimtückischen Liebespfeilen, sein Leben verdankte.

Die schöne Venus bekam ein würdiges Denkmal am Himmel; der hellste Stern wurde nach ihr benannt. Je nach Position kündet er als Abendstern den Feierabend, vor Sonnenaufgang die nahende Morgenröte an.

»Venus« ist in der Symbolsprache ein anderes Wort für »Liebe, Lust, Zärtlichkeit, Leidenschaft, Zweisamkeit, Anziehung, Nähe, Knistern, Flirten, Sehnsucht, Verschmelzung, Sinnlichkeit« und dergleichen mehr. Aber jede Venusposition in den Tierkreiszeichen gibt all diesen Facetten der Liebe eine andere Färbung, ein bestimmtes Gewicht, einen individuellen Glanz. Da müssen Sie Ihre persönliche Venus einfach näher kennenlernen!

DIE ERMITTLUNG DES VENUSZEICHENS

In der Venustabelle finden Sie ganz einfach Ihre Venusposition, indem Sie Ihren Geburtstag suchen. Dahinter ist das Tierkreiszeichen vermerkt, in dem Ihre Venus steht. Dann brauchen Sie nur noch den entsprechenden Abschnitt im anschließenden Text nachzulesen. (Siehe auch die Vorbemerkung am Beginn von Teil II dieses Buches.)

Die Venustabelle

1920* 22.11.–11.12. Steinbock, 12.12.–22.12. Wassermann, **1921** 22.11.– 7.12. Skorpion, 8.12.–22.12. Schütze, **1922** 22.11.–28.11. Schütze, 29.11.–22.12. Skorpion, **1923** 22.11.–1.12. Schütze, 2.12.–22.12. Steinbock, **1924** 22.11.–26.11. Waage, 27.11.–21.12. Skorpion, 22.12. Schütze, **1925** 22.11.–5.12. Steinbock, 6.12.–22.12. Wassermann, **1926** 22.11. Skorpion, 23.11.–16.12. Schütze, 17.12.–22.12. Steinbock, **1927** 22.11.–8.12. Waage, 9.12.–22.12. Skorpion, **1928** 22.11.–11.12. Steinbock, 12.12.– 22.12. Wassermann, **1929** 22.11.–6.12. Skorpion, 7.12.–22.12. Schütze, **1930** 22.11. Schütze, 23.11.–22.12. Skorpion, **1931** 22.11.–1.12. Schütze, 2.12.–22.12. Steinbock, **1932** 22.11.–26.11. Waage, 27.11.–20.12. Skorpion, 21.12.–22.12. Schütze, **1933** 22.11.–5.12. Steinbock, 6.12.–22.12. Wassermann, **1934** 22.11.–15.12. Schütze, 16.12.–22.12. Steinbock, **1935** 22.11.–8.12. Waage, 9.12.–22.12. Skorpion, **1936** 22.11.–11.12. Steinbock, 12.12.–22.12. Wassermann, **1937** 22.11.–6.12. Skorpion, 7.12.–22.12. Schütze, **1938** Skorpion, **1939** 22.11.–30.11. Schütze, 1.12.–22.12. Steinbock, **1940** 22.11.–26.11. Waage, 27.11.–20.12. Skorpion, 21.12.–22.12. Schütze, **1941** 22.11.–5.12. Steinbock, 6.12.–22.12. Wassermann, **1942** 22.11.–15.12. Schütze, 16.12.–22.12. Steinbock, **1943** 22.11.–8.12. Waage, 9.12.–22.12. Skorpion, **1944** 22.11.–10.12. Steinbock, 11.12.–22.12. Wassermann, **1945** 22.11.–5.12. Skorpion, 6.12.–22.12. Schütze, **1946** Skorpion, **1947** 22.11.–30.11. Schütze, 1.12.–22.12. Steinbock, **1948** 22.11.– 25.11. Waage, 26.11.–19.12. Skorpion, 20.12.–22.12. Schütze, **1949** 22.11.–5.12. Steinbock, 6.12.–22.12. Wassermann, **1950** 22.11.–14.12. Schütze, 15.12.–22.12. Steinbock, **1951** 22.11.–7.12. Waage, 8.12.–22.12. Skorpion, **1952** 22.11.–10.12. Steinbock, 11.12.–22.12. Wassermann, **1953** 22.11.–5.12. Skorpion, 6.12.–22.12. Schütze, **1954**

* Siehe auch die Anmerkung zur Mondtabelle.

Skorpion, **1955** Steinbock, **1956** 22.11.–25.11. Waage, 26.11.–19.12. Skorpion, 20.12.– 22.12. Schütze, **1957** 22.11.–6.12. Steinbock, 7.12.–22.12. Wassermann, **1958** 22.11.–13.12. Schütze, 14.12.–22.12. Steinbock, **1959** 22.11.–7.12. Waage, 8.12.–22.12. Skorpion, **1960** 22.11.–9.12. Steinbock, 10.12.–22.12. Wassermann, **1961** 22.11.–4.12. Skorpion, 5.12.–22.12. Schütze, **1962** Skorpion, **1963** 22.11.–29.11. Schütze, 30.11.–22.12. Steinbock, **1964** 22.11.–24.11. Waage, 25.11.–18.12. Skorpion, 19.12.–22.12. Schütze, **1965** 22.11.–6.12. Steinbock, 7.12.–22.12. Wassermann, **1966** 22.11.– 13.12. Schütze, 14.12.–22.12. Steinbock, **1967** 22.11.–6.12. Waage, 7.12.–22.12. Skorpion, **1968** 22.11.–9.12. Steinbock, 10.12.–22.12. Wassermann, **1969** 22.11.–4.12. Skorpion, 5.12.–22.12. Schütze, **1970** Skorpion, **1971** 22.11.–28.11. Schütze, 29.11.–22.12. Steinbock, **1972** 22.11.– 24.11. Waage, 25.11.–18.12. Skorpion, 19.12.–22.12. Schütze, **1973** 22.11.–7.12. Steinbock, 8.12.–22.12. Wassermann, **1974** 22.11.–12.12. Schütze, 13.12.–22.12. Steinbock, **1975** 22.11.–6.12. Waage, 7.12.–22.12. Skorpion, **1976** 22.11.–9.12. Steinbock, 10.12.–22.12. Wassermann, **1977** 22.11.–3.12. Skorpion, 4.12.–22.12. Schütze, **1978** Skorpion, **1979** 22.11.– 28.11. Schütze, 29.11.–22.12. Steinbock, **1980** 22.11.–23.11. Waage, 24.11.–17.12. Skorpion, 18.12.–22.12. Schütze, **1981** 22.11.–8.12. Steinbock, 9.12.–22.12. Wassermann, **1982** 22.11.–12.12. Schütze, 13.12.– 22.12. Steinbock, **1983** 22.11.–6.12. Waage, 7.12.–22.12. Skorpion, **1984** 22.11.–8.12. Steinbock, 9.12.–22.12. Wassermann, **1985** 22.11.–3.12. Skorpion, 4.12.–22.12. Schütze, **1986** 22.11.–27.11. Schütze, 28.11.– 21.12. Steinbock, 22.12. Wassermann, **1987** 22.11.–27.11. Schütze, 28.11.–22.12. Steinbock, **1988** 22.11. Waage, 23.11.–17.12. Skorpion, 18.12.–22.12. Schütze, **1989** 22.11.–9.12. Steinbock, 10.12.–22.12. Wassermann, **1990** 22.11.–11.12. Schütze, 12.12.–22.12. Steinbock, **1991** 22.11.–5.12. Waage, 6.12.–22.12. Skorpion, **1992** 22.11.–8.12. Steinbock, 9.12.–22.12. Wassermann, **1993** 22.11.–2.12. Skorpion, 3.12.–22.12. Schütze, **1994** Skorpion, **1995** 22.11.–27.11. Schütze, 28.11.–21.12. Steinbock, 22.12. Wassermann, **1996** 22.11. Waage, 23.11.–16.12. Skorpion, 17.12.–22.12. Schütze, **1997** 22.11.–11.12. Steinbock, 12.12.–22.12. Wassermann, **1998** 22.11.–11.12. Schütze, 12.12.–22.12. Steinbock, **1999** 22.11.–5.12. Waage, 6.12.–22.12. Skorpion, **2000** 22.11.–7.12. Steinbock, 8.12.–22.12. Wassermann, **2001** 22.11.–1.12. Skorpion, 2.12.–22.12. Schütze, **2002** Skorpion, **2003** 22.11.–26.11. Schütze, 27.11.–20.12. Steinbock, 21.12.–22.12. Wassermann

Venus in der Waage – KUNSTVOLLE LIEBE

Venusstärken Charmant, stilvoll, einfühlsam
Venusschwächen Unklar

Erinnern Sie sich noch daran, als Sie ein kleines Mädchen bzw. ein kleiner Junge waren? Sie saßen bei Papa auf dem Schoß und himmelten ihn an. Oder Sie tapsten so süß lächelnd zu Ihrer Tante, daß sie Ihnen jeden Wunsch erfüllte. Seitdem hat sich nichts Wesentliches verändert. Sie haben vielleicht die Kunst, sich mit allen Tricks und Raffinessen ins beste Licht zu setzen, perfektioniert und beherrschen sie heute aus dem Effeff. Aber Sie möchten vor allem immer noch, wie damals als Drei- oder Vierjährige(r), daß die Menschen gut und friedlich miteinander umgehen – und erst recht dann, wenn sie sich lieben.
Natürlich gibt es auch Venus-in-der-Waage-Menschen, die ihre Berufung zum Liebeskünstler verloren haben. Sie wuchsen in zerrütteten Familien auf oder wurden falsch erzogen, eventuell sogar mißhandelt. Aber selbst die tiefsten Wunden können durch die Kraft der Liebe, die ihnen bereits in die Wiege gelegt wurde, geheilt werden.
Probieren Sie es noch einmal, und lernen Sie, sich besser zu schützen – nicht auf die grobe, tölpelhafte, stillose Art, sondern »schön verpackt«, sozusagen »mit rosaroter Schleife« ...!

Venus-Check

Kann meine Venus allein sein? Dafür ist sie nicht geboren.
Sucht meine Venus Sicherheit? Ja, aber sie gibt sie auch.
Besteht meine Venus auf Treue? Einerseits ja, andererseits weiß sie ja selbst, wie schön die Liebe ist.
Ist meine Venus eifersüchtig? Weniger eifersüchtig als enttäuscht.
Findet meine Venus leicht Partner? Das ist überhaupt kein Problem; alle Welt liebt sie.

Venus im Skorpion – TOTALE LIEBE

Venusstärken Leidenschaftlich, hingebungsvoll
Venusschwächen Eifersüchtig

Würde man Ihnen sagen, daß Sie Ihr ganzes Leben mit einem/einer »stinknormalen« Liebhaber(in) verbringen müßten, glauben Sie wahrscheinlich, Sie könnten sich auch gleich erschießen oder ins Kloster gehen ... Keine Dramen? Keine Eifersucht? Keine blutigen Schrammen? Liebe ist doch kein Spaziergang, bei dem sich zwei Menschen an den Händchen halten und freundlich anlächeln! Eine Herausforderung ist das, ein Tanz auf dem Vulkan – alles oder nichts! Ihre Venus hat sich doch nicht »zufällig« die spannendste Ecke im astrologischen Tierkreis ausgesucht. »Skorpion«, das ist ein anderes Wort für »Finsternis«, für »Unterwelt«, für »Hölle«.
Aber das Prinzip Skorpion bedeutet auch Transformation. Wer hinuntertaucht in die tiefste Lust und Leidenschaft, wer den Mythos völliger Hingabe nachvollzieht, der geht nicht unter, sondern steigt strahlend, leicht und selbstbewußt wieder auf: am anderen Ende des Tunnels ist Licht – und das wissen Sie auch!

Venus-Check
Kann meine Venus gut allein sein? Es geht, aber sie leidet.
Sucht meine Venus Sicherheit? Nein, sondern Leidenschaft, Gefühl, Tiefe.
Besteht meine Venus auf Treue? Natürlich, bis in den Tod ...
Ist meine Venus eifersüchtig? Ja, abgrundtief!
Findet meine Venus leicht Partner? Nein, weil sie wenige akzeptiert.

Venus im Schützen – FLAMMENDE LIEBE

Venusstärken Unabhängig, feurig, wahrhaftig
Venusschwächen Treulos

Das astrologische Zeichen Schütze repräsentiert keine ruhmreichen Krieger, auch keine kosmischen Sportsmänner oder -frauen, sondern Fabelwesen mit Pferdeleib und menschlichem Oberkörper. Im griechischen Mythos trugen sie den Namen »Zentauren«. Mensch und Tier in dieser Kombination sind natürlich Metaphern für (menschlichen) Geist, Verstand, Einsicht und Weisheit einerseits und (tierische) Lust, Sex, Gier und Triebhaftigkeit andererseits.
Genau zwischen diesen beiden Polen spielt sich Ihr Liebesleben ab: »Die Schöne und das Biest ...« Erkennen Sie sich darin wieder? Sie sind die/der schöne, sanfte Geliebte, die/der ein fremdes Wesen nach Hause schleppt, es pflegt und zähmt und wärmt und ihm die Wunden leckt ... Und das Spiel funktioniert genausogut auch andersherum: Dann sind Sie das wilde Tier, die pure Gier, und Ihr Partner »ist im Kopf«, vielleicht ein bißchen weise, in jedem Fall aber meilenweit entfernt von seiner eigenen Lust – die Sie ihm jedoch wieder schenken wollen. Werden beide Seiten wie Himmel und Hölle unversöhnt auf ewig miteinander ringen? Wer weiß! Sicher ist, daß Venus-im-Schütze-Menschen oft solo leben, sehr selbstbewußt sind und von lustvollsten Erfahrungen mit den unterschiedlichsten Partnern erzählen können. Beweist das nicht, daß das Spiel zwischen Himmel und Hölle viel spannender sein kann als der brave Mittelweg ...?

Venus-Check

Kann meine Venus gut allein sein? Kein Problem; sie findet immer Begleitung.
Sucht meine Venus Sicherheit? Keinesfalls, sondern Abenteuer.
Besteht meine Venus auf Treue? Nein, aber unbedingt auf Fairneß.
Ist meine Venus eifersüchtig? Da muß man durch.
Findet meine Venus leicht Partner? Ja, und zwar rund um den Globus.

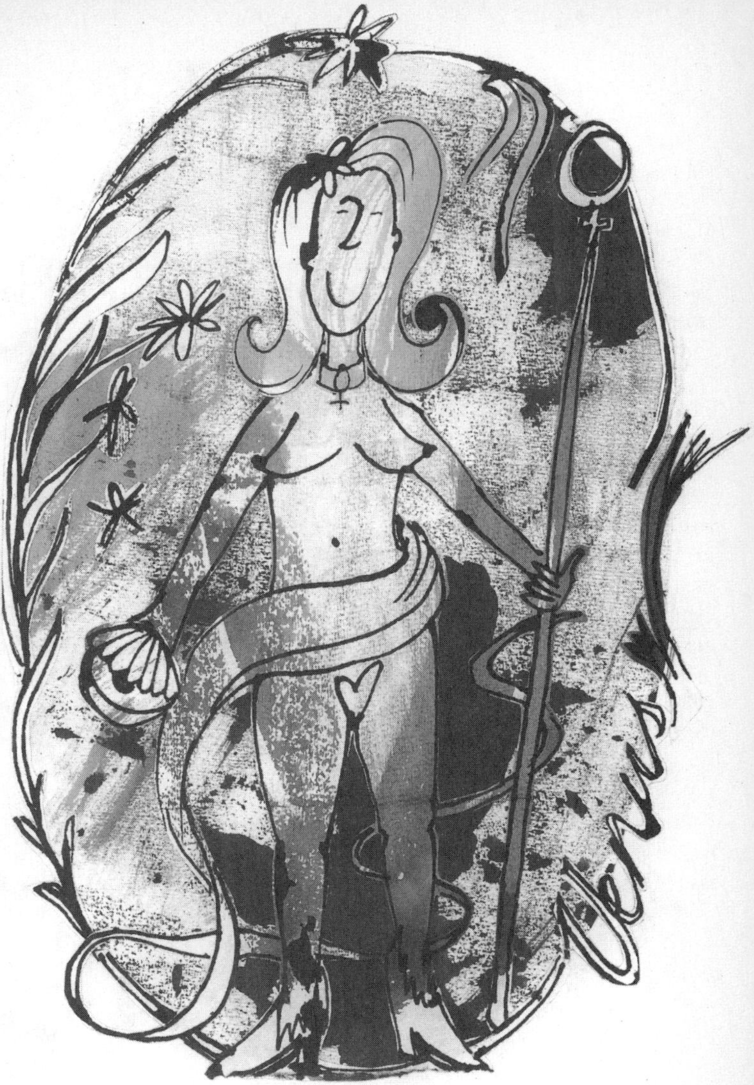

Venus ist ein anderes Wort für Liebe, Lust, Sex und Zärtlichkeit

Venus im Steinbock – BEHERRSCHTE LIEBE

Venusstärken Entwicklungsfähig, tief, erdig
Venusschwächen Gefühlskalt

Partner, die beim Liebesakt wie Hirsche röhren, ohne ihren Geliebten nicht einschlafen können und nur aus Angst vor dem Alleinsein in einer Beziehung bleiben – dies alles ist nicht Ihr Bier! Sie nehmen die Liebe selbst in die Hand, Sie bestimmen, wie es läuft, und haben Ihre Gefühle im Griff. Sie können auch allein – wissen aber sehr wohl, wie man sich eine(n) Liebhaber(in) besorgt.
Richtig, das klingt nicht gerade romantisch und läßt bei anderen schnell den roten Knopf suchen, der den Fluchtmotor anwirft. Aber was soll's, so sind Sie halt! Es macht überhaupt keinen Sinn, sich hinter einem charmanten, zuvorkommenden Outfit zu verstecken. Früher oder später setzen Sie Ihrem Lover doch den Zeigefinger auf die Brust und sagen: »Zur Sache, Schätzchen!«
Ein bißchen cool sind Sie auch. Steinbock ist ein Winterzeichen. Ihrer Venus wird es dort schnell kalt, was bei ihr zu der folgenschweren Entscheidung führt, sich ganz warm anzuziehen ... Damit kommt man aber schwer an Sie heran. Das müssen Sie verstehen! Irgendwann in Ihrem Leben war es eiskalt. Vielleicht wurde Ihre Liebe sogar schon als Kind mißbraucht. Sich zu schützen war lebenswichtig ...! Aber nichts bleibt immer so, wie es ist. Selbst nach dem kältesten Winter folgt der Frühling.

Venus-Check
Kann meine Venus gut allein sein? Ja, das ist sogar eine Stärke von ihr.
Sucht meine Venus Sicherheit? Nein, sie ist selber sicher.
Besteht meine Venus auf Treue? Ja, und zwar absolut. Untreue löst den Rachereflex aus.
Ist meine Venus eifersüchtig? Nein, nicht besonders.
Findet meine Venus leicht Partner? Nein, weil sie sehr anspruchsvoll ist.

Venus im Wassermann – UTOPISCHE LIEBE

Venusstärken Frei, originell, fair
Venusschwächen Unpersönlich

Sie sind wie jener Vogel, der freiwillig im Käfig bleibt und wunderhübsch zwitschert, solange die Tür sperrangelweit offensteht. Macht es »Schnapp!«, die Tür ist zu, beginnt der Vogel zu kreischen und tobt wie ein Wahnsinniger. Nichts zu machen! Ihre Liebe ist klaustrophobisch. Manchmal flippen Sie schon aus, wenn jemand die Fenster schließt oder beim Schlafen den Arm um Sie legt.

Das hat überhaupt nichts mit mangelnder Liebe zu tun! Das sei hier gleich einmal grundsätzlich festgestellt: Ihre Liebesfähigkeit ist über jeden Zweifel erhaben. Aber Sie brauchen Luft, Ihren Spielraum, Ihre Freiheit. Man könnte meinen, Sie entstammten einem Planeten, auf dem man körperlose Liebe macht. Jedenfalls erstreben Sie eine Partnerschaft, die leicht und frei von bauchlastigen Emotionen ist. Eifersucht, Besitzanspruch, Zweisamkeit – derartige Worte mit den entsprechenden Ritualen entstammen Ihrer Meinung nach dem Kleinhirn und waren allenfalls in der Dinosaurierzeit überlebenswichtig.

In Wirklichkeit klaffen Theorie und Praxis dann doch auseinander. Mit anderen Worten: Sie sind eben auch eifersüchtig. Das ist aber kein Problem; Sie dürfen ruhig widersprüchlich sein, daran wachsen Sie. Was Sie nicht machen sollten, ist, Ihre Eifersucht zu verdrängen, weil Sie sich sagen, daß nicht ist, was nicht sein darf. So etwas macht krank!

Venus-Check

Kann meine Venus gut allein sein? Könnte sie schon, aber es passiert ziemlich selten.
Sucht meine Venus Sicherheit? Nein, die gibt es sowieso nicht.
Besteht meine Venus auf Treue? Sie besteht auf Fairneß, das ist wichtiger als Treue.
Ist meine Venus eifersüchtig? »Nein«, sagt sie, aber »Ja« fühlt sie.
Findet meine Venus leicht Partner? Dabei hat sie keinerlei Probleme.

Das Marshoroskop –
POTENT, AKTIV, ERFOLGREICH UND MÄNNLICH SEIN

Rötlich funkelnd wie Feuer oder Blut, so präsentiert sich nur ein Gestirn am nächtlichen Himmel: der Planet Mars. Abhängig von seiner Nähe zur Erde verändert sich obendrein die Intensität. Menschen früherer Zeiten erschauerten daher, wenn sein Rot zunahm. Sie sprachen von einem zornigen Auge am Himmel und betrachteten es als böses Omen.

In klassischer Zeit galt Mars als Kriegsgott und Beschützer im Kampf: »Beschütze uns, Mars, und schlage dafür den Feind mit Feigheit und Schwäche«, soll der römische Kaiser Titus Flavius vor seinen Schlachten gerufen haben.

Hinter Mars stecken allerdings nicht nur bedrohliche Eigenschaften: So schickt er zum Beispiel zündende Ideen, verleiht Startkraft und schenkt Courage. Mars sorgt für den richtigen Biß, um sich behaupten und Rivalen überwinden zu können. Er verleiht die für Konkurrenzgerangel unerläßlichen »spitzen Ellenbogen« und programmiert auf Sieg. Er verkörpert das Urmännliche, den heldenhaften, schönen Jüngling genauso wie einen sexbesessenen Macho. Mars steht auch einfach für Sex, Potenz und Triebkraft. In ganz besonderer Weise verrät die Marsposition die Art und Weise des Eroberungsspiels: Ob man direkt auf jemanden zugeht, abwartet oder gar zum Rückzug bläst – es ist Mars, der die Fäden zieht.

Er ist ein absolut männlicher Planet, vielleicht der männlichste überhaupt. Frauen besitzen zwar genau wie Männer ihren Mars, aber eher als Potential, als Anlagebild, und neigen dazu, ihn nicht selbst auszuleben, sondern ihn zu projizieren. Sie suchen sich Männer, die ihrem Mars entsprechen. Über diesen Umweg hat er dann doch Anteil an ihrem Leben. Frauen, die Berufe ergreifen, welche früher eher als typisch männlich galten – im Management beispielsweise –, leben ihren Mars weitgehend selbst. Mars ist der regierende Planet des Widders und besitzt daher viele Wesenszüge dieses Tierkreiszeichens.

DIE ERMITTLUNG DES MARSZEICHENS

Suchen Sie in der folgenden Marstabelle Ihren Geburtstag, und entnehmen Sie Ihre Marsposition, die Sie auf den entsprechenden Text im anschließenden Kapitel über die Marszeichen verweist. (Siehe auch die Vorbemerkung am Beginn von Teil II dieses Buches.)

Die Marstabelle

1920* 22.11.–27.11. Steinbock, 28.11.–22.12. Wassermann, **1921** Waage, **1922** 22.11.–11.12. Wassermann, 12.12.–22.12. Fische, **1923** 22.11.–3.12. Waage, 4.12.–22.12. Skorpion, **1924** 22.11.–18.12. Fische, 19.12.–22.12. Widder, **1925** Skorpion, **1926** Stier, **1927** 22.11.–7.12. Skorpion, 8.12.–22.12. Schütze, **1928** 22.11.–20.12. Krebs, 21.12.–22.12. Zwillinge, **1929** Schütze, **1930** Löwe, **1931** 22.11.–9.12. Schütze, 10.12.–22.12. Steinbock, **1932** Jungfrau, **1933** Steinbock, **1934** 22.11.–11.12. Jungfrau, 12.12.–22.12. Waage, **1935** 22.11.–6.12. Steinbock, 7.12.–22.12. Wassermann, **1936** Waage, **1937** 22.11.–21.12. Wassermann, 22.12. Fische, **1938** 22.11.–11.12. Waage, 12.12.–22.12. Skorpion, **1939** Fische, **1940** Skorpion, **1941** Widder, **1942** 22.11.–15.12. Skorpion, 16.12.–22.12. Schütze, **1943** Zwillinge, **1944** 22.11.–25.11. Skorpion, 26.11.–22.12. Schütze, **1945** Löwe, **1946** 22.11.–17.12. Schütze, 18.12.–22.12. Steinbock, **1947** 22.11.–30.11. Löwe, 1.12.–22.12. Jungfrau, **1948** 22.11.–26.11. Schütze, 27.11.–22.12. Steinbock, **1949** Jungfrau, **1950** 22.11.–14.12. Steinbock, 15.12.–22.12. Wassermann, **1951** 22.11.–23.11. Jungfrau, 24.11.–22.12. Waage, **1952** Wassermann, **1953** 22.11.–20.12. Waage, 21.12.–22.12. Skorpion, **1954** 22.11.–3.12. Wassermann, 4.12.–22.12. Fische, **1955** 22.11.–28.11. Waage, 29.11.–22.12. Skorpion, **1956** 22.11.–5.12. Fische, 6.12.–22.12. Widder, **1957** Skorpion, **1958** Stier, **1959** 22.11.–3.12. Skorpion, 4.12.–22.12. Schütze, **1960** Krebs, **1961** Schütze, **1962** Löwe, **1963** 22.11.–4.12. Schütze, 5.12.–22.12. Steinbock, **1964** Jungfrau, **1965** Steinbock, **1966** 22.11.–3.12. Jungfrau, 4.12.–22.12. Waage, **1967**

* Siehe auch die Anmerkung zur Mondtabelle.

22.11.–1.12. Steinbock, 2.12.–22.12. Wassermann, **1968** Waage, **1969** 22.11.–15.12. Wassermann, 16.12.–22.12. Fische, **1970** 22.11.–6.12. Waage, 7.12.–22.12. Skorpion, **1971** Fische, **1972** Skorpion, **1973** Widder, **1974** 22.11.–10.12. Skorpion, 11.12.–22.12. Schütze, **1975** 22.11.–25.11. Krebs, 26.11.–22.12. Zwillinge, **1976** Schütze, **1977** Löwe, **1978** 22.11.–12.12. Schütze, 13.12.–22.12. Steinbock, **1979** Jungfrau, **1980** Steinbock, **1981** 22.11.–15.12. Jungfrau, 16.12.–22.12. Waage, **1982** 22.11.–9.12. Steinbock, 10.12.–22.12. Wassermann, **1983** Waage, **1984** Wassermann, **1985** 22.11.–14.12. Waage, 15.12.–22.12. Skorpion, **1986** 22.11.–25.11. Wassermann, 26.11.–22.12. Fische, **1987** 22.11.–23.11. Waage, 24.11.–22.12. Skorpion, **1988** Widder, **1989** 22.11.–17.12. Skorpion, 18.12.–22.12. Schütze, **1990** 22.11.–14.12. Zwillinge, 15.12.–22.12. Stier, **1991** 22.11.–28.11. Skorpion, 29.11.–22.12. Schütze, **1992** Krebs, **1993** 22.11.–19.12. Schütze, 20.12.–22.12. Steinbock, **1994** 22.11.–12.12. Löwe, 13.12.–22.12. Jungfrau, **1995** 22.11.–30.11. Schütze, 1.12.–22.12. Steinbock, **1996** Jungfrau, **1997** 22.11.–26.11. Jungfrau, 27.11.–22.12. Waage, **1998** 22.11.–26.11. Jungfrau, 27.11.–22.12. Waage, **1999** 22.11.–25.11. Steinbock, 26.11.–22.12. Wassermann, **2000** Waage, **2001** 22.11.–7.12. Wassermann, 8.12.–22.12. Fische, **2002** 22.11.–1.12. Waage, 2.12.–22.12. Skorpion, **2003** 22.11.–15.12. Fische, 16.12.–22.12. Widder

Mars im Widder – DIREKTES EROBERUNGSSPIEL

Marsstärken Energisch, kühn, mutig, stolz
Marsschwächen Streitsüchtig, egoistisch

Sie haben einen tollen Mars! Als Herrscher des Widderzeichens, dessen Element zudem das Feuer ist, kann er sich hier so richtig entfalten. Diese Konstellation verleiht Feuer im Doppelpack, macht kämpferisch, mutig und furchtlos. Sie sind ein Draufgänger, ein Held und Abenteurer, jemand, der nicht lange fackelt, sondern nach seiner Fasson lebt und dafür sorgt, daß sein Wille geschehe.
Allerdings kann es sein, daß sich Ihr Mars (noch) »versteckt«, daß Sie sich und andere vor ihm schützen, ihn vielleicht unterdrücken oder verleugnen. Sie halten sich vielmehr für eine friedliche oder gehemmte Person. Das würde dann bedeuten, daß Sie Ihren Mars erst noch entdecken müssen. Vielleicht kennen Sie diese Kraft bisher nur als inneres Rumoren, als gelegentliches Beben, als völlig unerwarteten Wutausbruch. Möglicherweise steigt Ihnen Ihr Mars auch in den Kopf und macht sich dort schmerzhaft bemerkbar. Sie können jedenfalls sicher sein, daß dieser Mars zum Ausbruch drängt wie Feuer in einem Vulkan. Besser, Sie geben ihm rechtzeitig Raum und verschaffen sich so Luft! Was Ihnen hilft, ist eine Tätigkeit, die Ihnen möglichst viel Freiheit läßt. Erleichterung finden Sie auch über sämtliche aktiven Sportarten. Am wichtigsten aber ist, daß Sie mit der Zeit mehr und mehr zu Ihrem Mars stehen, sich mehr zutrauen, öfter mal über die Stränge schlagen und sich nicht selbst dafür tadeln, wenn Ihr »marsischer« Anteil über Sie kommt.

Mars-Check
Wie gut setze ich mich durch? Ich habe alle Voraussetzungen, um mich gut durchzusetzen.
Wie aggressiv macht mich mein Mars? Ich muß mich ausleben, sonst werde ich sehr aggressiv.
Wieviel Sexpower verleiht mir mein Mars? Wenn ich mich nicht selbst unterdrücke, habe ich jede Menge Sex.

Mars im Stier – GENUSSVOLLES EROBERUNGSSPIEL

Marsstärken Ausdauernd, zäh, sinnlich
Marsschwächen Jähzornig, gierig, stur

Mars im Stier bedeutet eine Verbindung von Feuer (denn Mars ist ein Feuerplanet) und Erde (denn Stier ist vom Element her Erde). Diese Kombination verleiht Ihnen die Stärke eines mittleren Erdbebens. Was Sie anpacken, ziehen Sie auch durch, denn Sie haben nicht nur Kraft, sondern sind auch zäh und ausdauernd. Ihr Feuer brennt nicht lichterloh (um dann rasch in sich zusammenzufallen), es gleicht einer beständigen Glut. Darüber hinaus bringt die Begegnung des »Sexplaneten« Mars mit dem Tierkreiszeichen Stier eine betont sinnliche Komponente in Ihr Dasein. Die dritte Haupteigenschaft dieser Marsposition ist ein enormer Erwerbstrieb: Ihr Lebtag arbeiten Sie für Sicherheit, Geld, ein Haus, Luxus und was auch immer. Sie sind dafür geboren, das Fleckchen Erde, auf dem Sie leben, in ein blühendes Paradies zu verwandeln.
Möglicherweise aber führt Ihr Mars ein Schattendasein, und Sie kennen ihn noch gar nicht richtig. Vielleicht schätzen Sie Ihr Leben überhaupt nicht als übermäßig sinnlich ein oder bezeichnen sich sogar als arm. Aber das heißt nur, daß Sie Ihren Mars noch nicht »gefunden« haben. Dennoch existiert er, seine kolossale Kraft, seine Sinnlichkeit und der Zug zu Reichtum schlummern in Ihnen.
Was Ihnen hilft, Ihren Mars zu »wecken«, ist körperliche Bewegung und Kontakt mit der Natur. Am wichtigsten aber ist, daß Sie an Ihren Mars glauben und in Ihrem Denken und Handeln Raum dafür schaffen.

Mars-Check

Wie gut setze ich mich durch? Wenn ich angegriffen werde, werde ich stark.
Wie aggressiv macht mich mein Mars? Ich kann furchtbar wütend werden, wenn man mich reizt.
Wieviel Sexpower verleiht mir mein Mars? Darüber muß man kein Wort verlieren – oder höchstens eines: viel …!

Mars in den Zwillingen – VERSPIELTES EROBERUNGSSPIEL

Marsstärken Gewandt, neugierig, vielseitig
Marsschwächen Unkonzentriert, zerstreut

Mars in den Zwillingen hilft Ihnen, ein unternehmerischer, vielseitig interessierter und talentierter Mensch zu sein. Diese Konstellation verleiht Ihnen ein Feuer, das mutig und unerschrocken macht. Mit Mars, dem Feuerplaneten, und Zwillinge, einem Luftzeichen, treffen zwei Elemente aufeinander, die eine sehr günstige Mischung ergeben: Feuer braucht Luft. Im übertragenen Sinne bedeutet Luft Kommunikation. Daraus folgt, daß Sie vitaler, lebendiger und feuriger werden, sobald Sie unter Menschen sind. Hingegen dämpft Alleinsein Ihr Temperament. Oder die Gedanken beginnen zu rotieren, und Sie können Ihren Kopf nicht mehr abschalten.
Ihre durch Mars in den Zwillingen gesteigerte Neugierde, Ihr Interesse an allem, läßt sich jedoch nur im Kontakt mit Ihrer Außenwelt ausreichend befriedigen.
Allerdings kann es auch sein, daß Sie Ihren Mars noch gar nicht richtig entdeckt haben und ihn daher nicht ausleben können. Ihr eigenes Leben kommt Ihnen vielleicht überhaupt nicht übermäßig interessant und abwechslungsreich, sondern eher ziemlich langweilig vor. Das hieße dann aber, daß Sie Ihren Mars schleunigst ans Licht holen sollten. In jedem Fall existiert diese lebendige Kraft in Ihnen. Daran gibt es keinen Zweifel.

Mars-Check

Wie gut setze ich mich durch? Verbal kann ich mich prima durchsetzen.
Wie aggressiv macht mich mein Mars? Ich schimpfe höchstens einmal kräftig.
Wieviel Sexpower verleiht mir mein Mars? Ich bin kein wildes Tier, aber ich habe viel Lust am Sex.

Mars im Krebs – GEFÜHLVOLLES EROBERUNGSSPIEL

Marsstärken Gefühlsstark, strebsam
Marsschwächen Nachlässig, »zickig«

Mars, der Feuerplanet, und Krebs, von seiner Energie her ein Wasserzeichen, treffen aufeinander. Das kann dazu führen, daß das Feuer zunächst einmal im Wasser erlischt. Dann ist man ein Mensch, der Schwierigkeiten hat, seinen Willen durchzusetzen, die Ellenbogen zu benutzen, sich zu behaupten – denn all dies sind Eigenschaften, die der Planet Mars verleiht. Zugleich ist man innerlich gespannt, spürt Wut, Frustration und Ungenügen, kann damit aber nicht richtig herausrücken.
Es gibt jedoch auch die Möglichkeit, den Mars im Krebs zu transformieren. Dabei gilt es zu akzeptieren, daß man zwar nicht so direkt und forsch handeln kann, wie man es bei einem ungebremsten Mars erwarten würde, dafür aber ein tiefes Gefühlsleben besitzt. Mit Mars im Krebs ist man in positivster Weise ein Mensch, der tief in sich hineinschaut und seine Seele (und auch die anderer) kennt. Wenn Sie Ihren Mars so leben und erleben, sind Sie ein rezeptiver, kreativer Mensch, einer, der durch sein Mitschwingen mit anderen und sein psychologisches Gespür am Ende genauso viel erreicht wie Menschen mit anderen Marspositionen.
Allerdings kann es auch sein, daß Ihr Mars noch ein Schattendasein führt. Sie schätzen ihn nicht und versuchen, ihn durch effektiveres Verhalten zu ersetzen. Nur funktioniert das so eben nicht: Am Ende werden Sie noch unsicherer sein.
Stehen Sie zu Ihrem Mars! Leben Sie Ihren Mars mit all seinen Widersprüchen. Betreiben Sie Weiterbildung in Sachen Psychologie. Das hilft Ihnen, sich selbst besser zu verstehen.

Mars-Check

Wie gut setze ich mich durch? Auf direktem Weg fällt es mir schwer, mich durchzusetzen.
Wie aggressiv macht mich mein Mars? Es dauert lange, bis ich wütend werde.
Wieviel Sexpower verleiht mir mein Mars? Wenn ich mich sicher fühle, bin ich sehr erotisch.

Mars im Löwen – IMPOSANTES EROBERUNGSSPIEL

Marsstärken Selbstbewußt, herzlich, stolz
Marsschwächen Selbstsüchtig, eitel

Sie haben einen besonders starken Mars, und das hat seinen guten Grund: Der feurige Planet Mars begegnet dem Löwen, einem dem Element Feuer zugehörenden Zeichen. Feuer trifft also auf Feuer, verdoppelt sich, wird zur lodernden Flamme. Da Feuer ein Symbol gleichermaßen für Tatkraft wie geistige Regsamkeit ist, müssen Sie ein dynamischer, unternehmungsfreudiger Mensch sein, dessen Wirken durchdrungen ist von geistiger Weitsicht und Größe. Ihren hohen Ansprüchen, mit denen Sie um die Durchsetzung Ihrer Ziele kämpfen, steht eine einnehmende Herzlichkeit und eine lockere, beinahe spielerische Haltung gegenüber. Man könnte meinen, Ihre Erfolge fallen Ihnen einfach in den Schoß. Aber Sie bekommen nichts »gratis«. Sie sind dem Leben und anderen Menschen gegenüber immer hilfsbereit und großzügig – und das gibt Ihnen das Leben zurück.
Sollten Sie sich in diesem Bild nicht finden und sich vom Leben eher benachteiligt als beschenkt fühlen, führt Ihr Mars ein Schattendasein. Sie haben ihn noch gar nicht richtig entdeckt und können ihn daher nicht ausleben.
Was Ihnen hilft, Ihren Mars zu »wecken«, ist Bewegung, Tanz, aktiver Sport. Vor allem aber müssen Sie direkter, spontaner und selbstbewußter werden. Sie müssen sich mit dem Mars in Ihrem Inneren verbinden – es ist alles da, was Sie brauchen.

Mars-Check
Wie gut setze ich mich durch? Damit habe ich überhaupt keine Probleme.
Wie aggressiv macht mich mein Mars? Ich bin nicht leicht aus der Ruhe zu bringen. Aber wenn es sein muß, kann ich richtig toben.
Wieviel Sexpower verleiht mir mein Mars? Starken Partnern schenke ich alles – Schwächlinge schläfern mich ein.

Mars in der Jungfrau – VERSTECKTES EROBERUNGSSPIEL

Marsstärken Geistig fit, vernünftig, aktiv, arbeitsmotiviert, fleißig
Marsschwächen Zwanghaft, überängstlich

Feuer und Erde verbinden sich bei der Konstellation Mars in der Jungfrau, einem Erdzeichen. Feuer und Erde zusammen wecken Aktivität, Arbeitswillen, Genauigkeit und Realitätssinn. Ihr Feuer gleicht einer anhaltenden Glut. Das macht Sie zu einem Menschen, der gern und gut arbeitet, ausdauernd und präzise ist, strategisch vorgeht und sich nicht unüberlegt in seine Arbeit stürzt. Mars in der Jungfrau macht auch vorsichtig. Das kann unter Umständen in Kleinlichkeit und Angst ausarten. Auch eine übertrieben kritische Haltung sich selbst und anderen gegenüber kann die Folge sein. Sie brauchen daher ein Ventil, etwas, das Ihnen erlaubt, Ihren Mars ohne zuviel Kontrolle und Analyse ausleben zu können, wie zum Beispiel Sport oder andere körperliche Aktivitäten. Auch riskante Freizeitbeschäftigungen (Paragliding, Klettern) sind für Sie und Ihren Mars geeignet: Sie passen nämlich gut auf sich auf – und Ihrem Mars ist Genüge getan. Das wiederum kommt, zusammen mit der Jungfrauenergie, Ihrem Schaffen zugute.
Sie sollten auch einen Weg finden, Ihre Wut und Ihre Verletzungen besser zu zeigen. Mit Mars in der Jungfrau neigt man nämlich dazu, seine Aggressionen zu unterdrücken und irgendwo zu »bunkern« – bis dann das Maß voll ist und man wegen einer Kleinigkeit »an die Decke geht«.

Mars-Check

Wie gut setze ich mich durch? Ich habe Probleme, mich durchzusetzen.
Wie aggressiv macht mich mein Mars? Ich brauche lange, bis ich explodiere.
Wieviel Sexpower verleiht mir mein Mars? Ich bin kein Hengst, aber auch keine Schnecke. Erfolg macht mich sexy.

Mars in der Waage – RAFFINIERTES EROBERUNGSSPIEL

Marsstärken Lebhaft, gesellig, charmant, beliebt, ausgleichend, korrekt
Marsschwächen Ausschweifend, untreu, unmäßig

Mit Ihrer Marsposition vereinigen sich Feuer (Mars) und Luft (Waage). Diese Kombination kommt beiden Elementen zugute und wertet sie auf. Sie sind daher ein leichter, »luftiger« Mensch von sanguinischem Temperament und besitzen die Gabe, andere rasch für sich einzunehmen. Ihr Auftreten ist charmant, einfühlsam, zuvorkommend. Ihr Mars in der Waage macht Sie auch zu einem Streiter für Frieden und Ausgleich. Wo immer Ungerechtigkeiten und Zwietracht herrschen, fühlen Sie sich aufgerufen, zu schlichten und zu versöhnen. Zuweilen bricht aber auch bei Ihnen Mars in all seiner Heftigkeit durch, nämlich dann, wenn Sie zu lange versucht haben, ihn zu kontrollieren und zu unterdrücken.
Mars in der Waage führt auch zu starker Denkarbeit. Sie glauben, alle Probleme mit dem Kopf lösen zu können. Wichtig ist, sich für Ihren Mars ein Ventil zu suchen. Man kann diesen Planeten nicht zu permanenter Friedfertigkeit veranlassen. Aber wenn Sie ihn anderweitig leben, beim Sport, bei abenteuerlicher Freizeitgestaltung, dann gelingt es Ihnen besser, Ihren Mars für Ihre friedlichen Missionen einzuspannen. Ein weiteres Plus Ihrer Marsposition sind ein guter Geschmack und künstlerisches Talent.

Mars-Check
Wie gut setze ich mich durch? Ich bin ein guter Taktiker.
Wie aggressiv macht mich mein Mars? Eigentlich bin ich sehr friedlich, aber manchmal explodiere ich schon wegen einer Kleinigkeit.
Wieviel Sexpower verleiht mir mein Mars? Sex habe ich genug. Aber ich suche mehr, und zwar geistiges Verstehen.

Mars im Skorpion – INBRÜNSTIGES EROBERUNGSSPIEL

Marsstärken Kraftvoll, ausdauernd, hartnäckig, leidenschaftlich, furchtlos und mutig
Marsschwächen Lasterhaft, rachsüchtig

Ihnen steht ein besonderer Mars, eine starke, vitale Kraft zur Seite. Sie sind ausgesprochen zäh, wenn es um die Verwirklichung eines Zieles geht, an dem Ihnen auch emotional liegt. Selbst Mühen und Unannehmlichkeiten, mit denen sich andere Menschen nicht belasten würden, nehmen Sie dann gern in Kauf. Nicht verwunderlich ist es, daß diese Hartnäckigkeit mitunter zu außerordentlichen Leistungen führt. Dennoch sind Sie kein Kraftprotz, einer, der die Muskeln spielen läßt und bei jeder Gelegenheit zeigen will, was er draufhat. Skorpion ist vom Element her ein Wasserzeichen. Die Kraft des Planeten Mars ist nicht auf äußere Wirkung aus. Seine Power geht nach innen. Diese Marsposition führt dazu, daß Sie instinktiv wissen, wann Ihr Einsatz wichtig ist, wann etwas Bedeutsames und Wichtiges ansteht und erledigt werden muß: Dann werden Sie zum »Helden«. Daher ist Ihnen zu raten, Herausforderungen zu suchen und anzunehmen. Nur dann steht Ihr Mars voll auf Ihrer Seite, während Sie sonst beinahe müde und lustlos sein können.
Ihr Mars neigt zur Zerstörung. Das ist immer dann gut, wenn etwas alt, verbraucht, überholt und ein neuer Anfang angezeigt ist. Aber hüten Sie sich vor mutwilliger Zerstörung! – Mit Mars im Skorpion verfügen Sie auch über eine kolossale Sexpower. Sie sind leidenschaftlich, triebstark und letztendlich beseelt von der Idee, für Nachwuchs zu sorgen.

Mars-Check
Wie gut setze ich mich durch? Ich bringe meine Power indirekt ein und setze so meinen Willen durch.
Wie aggressiv macht mich mein Mars? Ich kann alles zerstören.
Wieviel Sexpower verleiht mir mein Mars? Mehr als allen anderen.

Mars im Schützen – FEURIGES EROBERUNGSSPIEL

Marsstärken Schlagfertig, gerecht, begeisterungsfähig, klar und offen
Marsschwächen Streitbar, aggressiv, beleidigend

Mit Mars im Schützezeichen trifft Feuer wieder auf Feuer und wird zur lodernden Flamme: Ihr Mars zeigt sich mit besonderer Intensität. Da Feuer ein Symbol gleichermaßen für Tatkraft wie geistige Regsamkeit ist, müssen Sie ein dynamischer, unternehmungsfreudiger Mensch sein, dessen Wirken durchdrungen ist von geistiger Weitsicht und Größe. Ihr Handeln und Wirken wird stark von Idealen geleitet: von Gerechtigkeit, Ritterlichkeit und Fairneß. Sie sind leicht zu begeistern und – einmal in Schwung – kaum zu bremsen. Was Sie brauchen, ist ein Ziel, eine Hoffnung, eine Perspektive, sonst erlischt Ihr Feuer.
Allerdings kann es auch sein, daß Ihr Mars noch ein Schattendasein führt, daß Sie ihn noch gar nicht richtig entdeckt haben. Vielleicht meinen Sie, keineswegs feurig oder übermäßig aktiv zu sein, sondern erleben sich eher als passiven Zeitgenossen. Dies hieße dann, daß Sie einen Teil Ihres Selbst negieren – und sich auf die Suche nach Ihrem Mars begeben sollten.
Was Ihnen hilft, Ihren Mars zu »wecken«, ist Bewegung, Tanz, aktiver Sport und Reisen. Vor allem aber müssen Sie direkter, spontaner und selbstbewußter werden. Sie müssen sich mit dem Mars in Ihrem Inneren verbinden – es ist alles da, was Sie brauchen.

Mars-Check

Wie gut setze ich mich durch? Solange Fairneß herrscht, kann ich mich prima durchsetzen.
Wie aggressiv macht mich mein Mars? Ich bin nicht aggressiv, aber für eine gute Sache werde ich zum heiligen Krieger.
Wieviel Sexpower verleiht mir mein Mars? Sex bringt mich dem Himmel näher.

Mars im Steinbock – BERECHNENDES EROBERUNGSSPIEL

Marsstärken Verantwortungsvoll, geduldig, zäh, mutig, tatkräftig
Marsschwächen Eigenwillig, mißmutig

Mars im Steinbock führt zu einer Verbindung von Feuer und Erde, da der Steinbock zu den Erdzeichen zählt. Feuer und Erde zusammen wecken Arbeitswillen, Genauigkeit und Realitätssinn. Ihr Feuer brennt nicht lichterloh (um sich dann rasch zu verzehren), sondern lang anhaltend wie eine wohlgeschürte Glut. Das macht Sie zu einem Menschen, der gern und gut arbeitet, ausdauernd und präzise ist, strategisch vorgeht und sich nicht unüberlegt in seine Tätigkeiten stürzt. Mars im Steinbock macht auch extrem widerstandsfähig. Man kann Sie mit einem Diamantbohrer vergleichen, der sich in eine Sache unaufhaltsam hineinfrißt. Mars im Steinbock macht erfolgreich. Er verleiht Ihnen die entsprechende Motivation und ein Gespür für Machtverhältnisse.
Diese Konstellation bedeutet aber auch, daß sich Mars total wandeln muß. Aus einer impulsiven, feurigen, leicht erregbaren, leidenschaftlichen Energie wird eine kontrollier- und regelbare Kraft, die sich einer höheren Absicht fügt und dem Allgemeinwohl dient. Sie dürfen allerdings die ursprüngliche Qualität von Mars nicht vollständig verlieren. Das würde zu Aggressionsstau und unter Umständen sogar zu gesundheitlichen Problemen führen. Es ist also wichtig, sich für Ihren Mars ein Ventil zu suchen. Wenn Sie ihn anderweitig leben, beim Sport oder bei abenteuerlicher Freizeitgestaltung, dann gelingt es Ihnen besser, Ihren Mars für Ihre höheren Zwecke einzuspannen.

Mars-Check
Wie gut setze ich mich durch? Ich bin ein harter Arbeiter und schaffe alles, was ich will.
Wie aggressiv macht mich mein Mars? Normalerweise bin ich friedlich. Wer es aber drauf anlegt, wird mich kennenlernen.
Wieviel Sexpower verleiht mir mein Mars? Wenn die Verhältnisse stimmen, hole ich mir auch hier meine Gipfelerlebnisse!

Mars im Wassermann – GEISTREICHES EROBERUNGSSPIEL

Marsstärken Aufgeweckt, innovativ, selbständig, schöpferisch
Marsschwächen Prahlerisch, eingebildet

Mit Ihrer Marsposition vereinigen sich Feuer (Mars) und Luft (Wassermann). Diese Kombination kommt beiden Elementen zugute und wertet sie auf. Sie sind daher ein leichter, »luftiger« Mensch, der die Gabe besitzt, andere für sich einzunehmen. Ihr Auftreten ist charmant, einfühlsam und zuvorkommend.
Alltag, graues Einerlei, tägliche Routine erzeugen bei Ihnen eine Gänsehaut. Sie möchten Neues erschaffen, eingefahrene Gleise verlassen, originell und schöpferisch sein. Freiheit ist für Sie überaus wichtig. Sie arbeiten besser, wenn Sie nicht ständig jemand gängelt. Sie sind der geborene »Freelancer«. Ihr ausgeprägtes Improvisationstalent ermöglicht Ihnen, originelle und unkonventionelle Lösungen zu finden, wenn Sie nicht durch Vorgaben eingeschränkt werden. In Beziehungen wird es Ihnen ebenfalls schnell zu eng. Eine Ehe bereitet Ihnen (auch) Probleme, Sie fühlen sich unfrei, wie »eingesperrt«.
Vielleicht aber entspricht diese Charakterisierung nicht Ihrem Selbstbild: Weder schätzen Sie sich als unabhängig oder freiheitsliebend noch als übermäßig schöpferisch ein. Dann ist zu vermuten, daß Ihr Mars noch auf seine Entdeckung wartet. Machen Sie sich auf die Suche! Was Ihnen hilft, Ihren Mars zu »wecken«, ist Bewegung, vor allem Tanz. Noch wichtiger aber ist, unkonventioneller und spontaner zu werden. Sie müssen sich mit dem Mars in Ihrem Inneren verbinden – es ist alles da, was Sie benötigen.

Mars-Check

Wie gut setze ich mich durch? Ich bin genial, aber nicht unbedingt durchsetzungsstark.
Wie aggressiv macht mich mein Mars? Ich hasse aggressive Menschen.
Wieviel Sexpower verleiht mir mein Mars? Sex ist schön, aber er ist nicht alles.

Mars in den Fischen – SPHINXHAFTES EROBERUNGSSPIEL

Marsstärken Empfänglich, intuitiv, einfühlsam, kreativ
Marsschwächen Willensschwach, beeinflußbar, täuschbar

Der Feuerplanet Mars steht im Wasserzeichen Fische: Feuer und Wasser treffen aufeinander. Das kann dazu führen, daß das Feuer zunächst einmal ausgeht. Dann sind Sie jemand, der Schwierigkeiten hat, seinen Willen durchzusetzen, die Ellenbogen zu benutzen und sich zu behaupten – denn all dies sind marsische Eigenschaften. Gleichzeitig fühlen Sie sich jedoch innerlich gespannt, spüren Wut, Enttäuschung und Ungenügen, kommen damit aber nicht richtig heraus.
Es gibt jedoch auch die Möglichkeit, den Mars in den Fischen zu transformieren. Dazu muß man akzeptieren, daß man zwar nicht so direkt und forsch vorgeht, wie man es bei einem ungebremsten Mars erwarten würde, dafür aber eine andere Fähigkeit besitzt, nämlich ein kolossales Gespür. Das Fischezeichen ist seinem Wesen nach »transparent«, es besitzt keine klaren Grenzen, versetzt jemanden daher in die Lage, sich universell zu »vernetzen«. Man besitzt also eine Art sechsten Sinn, spürt andere Menschen, die sich nicht einmal in der Nähe aufhalten, ja, vermag sich sogar in die Zukunft zu »beamen«. Mars kann all diese Fähigkeiten noch steigern: Man wird zum paranormalen Individuum.
Wenn Sie Ihren Mars so in Ihr Leben integrieren, sind Sie ein Mensch, der durch sein Mitschwingen mit anderen und sein psychologisches Gespür am Ende genauso viel erreicht wie Menschen mit anderen Marspositionen.

Mars-Check

Wie gut setze ich mich durch? Damit habe ich Probleme. Versuche ich es dennoch, muß ich von der Sache hundertprozentig überzeugt sein.
Wie aggressiv macht mich mein Mars? Es dauert ewig, bis ich aus der Haut fahre.
Wieviel Sexpower verleiht mir mein Mars? Sex ist wunderbar, aber er ist nicht alles ...

Das Jupiterhoroskop –
INNERLICH UND ÄUSSERLICH REICH UND ERFOLGREICH SEIN

Jupiterzeichen

Nachts, wenn Venus nicht mehr (oder noch nicht) am Himmel leuchtet, ist Jupiter einer der hellsten Sterne überhaupt. Kein Wunder daher, daß er unseren Vorfahren, die der Nacht in viel umfassenderem Maße ausgeliefert waren als wir heute in unserer künstlich erhellten Zeit, ein Symbol für Hoffnung, Trost, Stimmigkeit und Gerechtigkeit war. Oft verband man ihn mit der obersten Gottheit.
So auch in der griechischen Mythologie, auf die sich die Symbolik der Astrologie entscheidend bezieht. Jupiter heißt bei den Griechen »Zeus«, und über ihn gibt es unzählige Mythen. So war er es, der gegen seinen Vater Saturnus bzw. Kronos, den obersten der Titanen, antrat

und ihn besiegte. Saturnus hatte nämlich außer Zeus alle seine Nachkommen aufgefressen, weil ihm geweissagt worden war, daß ihn eines seiner Kinder vom Thron stoßen würde. Rheia, Zeus' Mutter, versteckte ihren Sohn vor dem Vater, und die Prophezeiung erfüllte sich: Zeus entthronte ihn und warf ihn in den Tartaros.
Andere Geschichten über Zeus/Jupiter erzählen eher Delikates. So gelüstete es den obersten Gott wie gesagt immer wieder nach weltlichen Frauen, die er durch List dazu brachte, mit ihm zu schlafen und Kinder von ihm zu empfangen. Wie gesagt verwandelte er sich bei Leda zum Beispiel in einen Schwan und zeugte mit ihr Pollux. Auch Herakles und Dionysos entstammten seinem gemeinsamen Lager mit sterblichen Frauen. Gezeugt durch den unsterblichen Jupiter, erlangten seine Kinder ebenfalls die Unsterblichkeit.
Die Position Jupiters im Horoskop verweist daher einerseits auf tiefe Einsichten: Jupiter sorgt dafür, daß uns »ein Licht aufgeht«, wir letzten Endes weise werden. Auf der anderen Seite verkörpert Jupiter eine Gestalt, der eine unendlich große Liebe zukommt. Sinnbildlich gesprochen, sehnt sich der Mensch danach, sich mit dem göttlichen Jupiter zu vereinigen, um Kinder (symbolisch für Ideen und Taten) zu gebären, die unsterblich sind.
Des weiteren repräsentiert Jupiter den großen Helfer und Heiler. Dort, wo er im Horoskop steht, findet der Mensch Kräfte, sich und andere zu trösten und zu stärken. Am bekanntesten ist Jupiter in der Astrologie aber deswegen, weil er das Glück verheißt.

DIE ERMITTLUNG DES JUPITERZEICHENS

Suchen Sie in der Jupitertabelle Ihren Geburtstag, und entnehmen Sie Ihre Jupiterposition, die Sie auf den entsprechenden Text im anschließenden Kapitel über die Jupiterzeichen verweist. (Siehe auch die Vorbemerkung am Beginn von Teil II dieses Buches.)

Die Jupitertabelle

1920* Jungfrau, **1921** Waage, **1922** Skorpion, **1923** 22.11.–24.11. Skorpion, 25.11.–22.12. Schütze, **1924** 22.11.–18.12. Schütze, 19.12.–22.12. Steinbock, **1925** Steinbock, **1926** Wassermann, **1927** Fische, **1928** Stier, **1929** Zwillinge, **1930** Krebs, **1931** Löwe, **1932** Jungfrau, **1933** Waage, **1934** Skorpion, **1935** Schütze, **1936** 22.11.–1.12. Schütze, 2.12.–22.12. Steinbock, **1937** 22.11.–19.12. Steinbock, 20.12.–22.12. Wassermann, **1938** Wassermann, **1939** 22.11.–20.12. Fische, 21.12.–22.12. Widder, **1940** Stier, **1941** Zwillinge, **1942** Krebs, **1943** Löwe, **1944** Jungfrau, **1945** Waage, **1946** Skorpion, **1947** Schütze, **1948** Steinbock, **1949** 22.11.–30.11. Steinbock, 1.12.–22.12. Wassermann, **1950** 22.11.–1.12. Wassermann, 2.12.–22.12. Fische, **1951** Widder, **1952** Stier, **1953** Zwillinge, **1954** Krebs, **1955** Jungfrau, **1956** 22.11.–12.12. Jungfrau, 13.12.–22.12. Waage, **1957** Waage, **1958** Skorpion, **1959** Schütze, **1960** Steinbock, **1961** Wassermann, **1962** Fische, **1963** Widder, **1964** Stier, **1965** Zwillinge, **1966** Löwe, **1967** Jungfrau, **1968** Waage, **1969** 22.11.–16.12. Waage, 17.12.–22.12. Skorpion, **1970** Skorpion, **1971** Schütze, **1972** Steinbock, **1973** Wassermann, **1974** Fische, **1975** Widder, **1976** Stier, **1977** Krebs, **1978** Löwe, **1979** Jungfrau, **1980** Waage, **1981** 22.11.–26.11. Waage, 27.11.–22.12. Skorpion, **1982** Skorpion, **1983** Schütze, **1984** Steinbock, **1985** Wassermann, **1986** Fische, **1987** Widder, **1988** 22.11.–30.11. Zwillinge, 1.12.–22.12. Stier, **1989** Krebs, **1990** Löwe, **1991** Jungfrau, **1992** Waage, **1993** Skorpion, **1994** 22.11.–8.12. Skorpion, 9.12.–22.12. Schütze, **1995** Schütze, **1996** Steinbock, **1997** Wassermann, **1998** Fische, **1999** Widder, **2000** Zwillinge, **2001** Krebs, **2002** Löwe, **2003** Jungfrau

*Siehe auch die Anmerkung zur Mondtabelle.

Jupiter im Widder – DAS GLÜCK DES FEUERS

Jupiterstärken Selbstvertrauen, Optimismus
Jupiterschwächen Prahlerei

Ihr Glück ist für Sie die Möglichkeit, Ihren Willen und Ihre Impulse spontan und unmittelbar umsetzen zu können. Sie sind ein Abenteurer – in Wirklichkeit wie im Geiste. Sie möchten wie Kolumbus die Welt entdecken. Und wie Einstein, Hildegard von Bingen oder Galileo Galilei den Gipfel menschlicher Erkenntnis erreichen. Wenn Sie sich bewegen, geistig wie körperlich, sind Sie Ihrem Schöpfer am nächsten. Stillstand hingegen weckt Resignation; Sie fühlen sich fern und ausgestoßen vom großen Ganzen. Durch Ihre optimistische und positive Weltauffassung sind Sie dafür bestimmt, anderen voranzugehen oder ihnen den Weg zu weisen. Denn Sie tragen eine Fackel des Lichts und der Wahrheit.
So schlummert auch ein Heiler und Prophet in Ihnen, der im Laufe Ihres Lebens geweckt werden will. Bevor Sie allerdings selber ein Lichtbringer sein können, werden Sie Persönlichkeiten suchen, die Ihnen auf Ihrem eigenen Weg ein Vorbild sind. Mit der Gabe, andere zu führen, müssen Sie behutsam umgehen. Hüten Sie sich, andere zu blenden oder sich über deren Unwissen zu erheben. Sie dürfen Ihre Demut nie verlieren, und Sie dürfen nicht vergessen, daß Sie selbst auch – und sogar zuallererst – ein Suchender sind.

Jupiter-Check
Wie habe ich Erfolg, inneres und äußeres Glück? Durch Handeln, Reisen, Unternehmungen, Initiativen.
Wie kann ich helfen und heilen? Durch tatkräftiges Unterstützen, Körpertherapie, Yoga, Sport, Wärme. Andere motivieren, ihnen Mut zusprechen.

Jupiter im Stier – DAS GLÜCK DER ERDE

Jupiterstärken Geduld, Großzügigkeit
Jupiterschwächen Bequemlichkeit

Ihr Glück liegt im ungestörten Genuß. Überfluß und Sicherheit bedeuten für Sie die Erfüllung Ihrer Wünsche. Natürlich würden Sie Ihr erstrebtes Glück, wenn es möglich wäre, herbeizaubern, aber Sie können auch warten. Wie ein Gärtner geduldig sät und die wachsenden Pflanzen hegt, damit sie zur vollen Größe gedeihen können, so überwachen Sie Ihr Hab und Gut, Ihre Anlagen und Talente und entwickeln sie zur vollen Reife.
Der Vergleich mit dem Gärtner ist auch in anderer Hinsicht passend. Denn Sie lieben die Natur. Eine Waldlichtung im Frühling erscheint Ihnen als Dom, und Sie sind Ihrem Schöpfer dort vielleicht näher als in einer Kirche. Die Natur zeigt Ihnen absolute Ordnung, Stimmigkeit und Erfüllung. Und Natur heilt. Sie heilt Sie, wenn Sie erschöpft oder krank sind. Sie brauchen sich nur unter einen Baum zu legen, und Sie fühlen sich sofort besser.
In der Natur finden Sie aber auch die Stoffe, um andere zu heilen. Nahrung, Heilkräuter, homöopathische Essenzen. Alles erhält durch Ihren Jupiter eine höhere Potenz, heilt und macht ganz. Sie sollten sich jedoch davor hüten, sich nicht im reinen Besitz zu verlieren: Ein Baum sammelt nicht die Erde, die ihn hält, er benützt sie, um in den Himmel zu wachsen.

Jupiter-Check
Wie habe ich Erfolg, inneres und äußeres Glück? Durch Geduld und Nähe zur Erde. Durch materiellen Wohlstand. Durch Liebe und Sinnlichkeit.
Wie kann ich helfen und heilen? Durch die Heilkräfte der Natur. Aber auch allein ihre Nähe beruhigt und heilt.

Jupiter in den Zwillingen – DAS SELBSTVERSTÄNDLICHE GLÜCK

Jupiterstärken Begeisterungsfähigkeit
Jupiterschwächen Ruhelosigkeit

Ihr Glück finden Sie im Alltäglichen, auf einem Wochenmarkt, im Zug, bei einer Unterhaltung mit Freunden und Bekannten. Aber auch zu Menschen, die Sie noch nicht kennen, finden Sie rasch einen Bezug und große Nähe. Dieses »kleine Glück« bedeutet Ihnen wesentlich mehr als die Suche nach großer und absoluter Erfüllung.
Sie haben eine enorme sprachliche Begabung und werden in Ihrem Leben bestimmt mehrere Sprachen lernen. Sie können auch gut schreiben und sprechen.
Um sich wohl zu fühlen, brauchen Sie die Geselligkeit, den verbalen Austausch und die lebendige Kommunikation. Unter Menschen finden Sie zu sich und fühlen sich aufgehoben im Ganzen der Schöpfung. Allein hingegen verlieren Sie Ihre innere Sicherheit und den tiefen Glauben, daß alles sinnvoll und von höherem Willen getragen ist. Daher ist es auch Ihre Aufgabe, Menschen miteinander zu verbinden, damit sie sich nicht als Individuen erfahren, die wie Robinson Crusoe »allein auf einer Insel« leben. Der Mensch ist ein soziales Wesen. Er wächst in einer Familie auf, schafft sich später seine eigene Familie, seine Arbeitswelt, seine Freunde. Selbst wenn er die Erde verläßt, geht er nicht in die Einsamkeit, sondern dorthin, wo sich immer schon alle aufhalten. Sie sind auf der Welt, um Menschen aus ihrer Einsamkeit zu befreien, in die sie irrtümlicherweise geraten sind.

Jupiter-Check
Wie habe ich Erfolg, inneres und äußeres Glück? In den »kleinen«, alltäglichen Dingen, die um Sie herum sind. Und in der Begegnung mit anderen.
Wie kann ich helfen und heilen? Durch gute Worte, aufmunternden Zuspruch, durch Zuhören und Teilnahme. Durch Schaffen von Verbindungen.

Jupiter im Krebs – DAS GLÜCK DES FÜHLENS

Jupiterstärken Suggestivwirkung, Phantasie
Jupiterschwächen Gefühlspathos, Mißbrauch

Glück finden Sie in Ihren eigenen und in den Gefühlen anderer. Auch Musik oder ein Gedicht weckt ein Ahnen, das Sie Ihrem Schöpfer näherbringt. Gott ist Ihrer Meinung nach ein Gefühl der Verschmelzung mit dem Strom, aus dem alles kommt, und dem Ozean, in den alles mündet.
Man könnte Sie auch einen »Seelentaucher« nennen, denn Ihre liebste Beschäftigung ist, in Ihre eigene oder die Seele anderer Menschen zu tauchen. Eine gesunde und heile Psyche ist für Sie unerläßlich, um zufrieden zu sein. Daher wenden sich auch andere Menschen an Sie, weil sie instinktiv spüren, daß Sie ihnen dabei helfen können, die eigene Seele zu heilen. So betrachtet sind Sie ein Lichtbringer, der anderen Frieden schenkt.
In der Familie sehen Sie den Anfang allen Glücks – aber auch den Anfang allen Elends. Sie werden daher nicht müde, die heile, sinnstiftende, ganzheitliche, befreiende Familie zu postulieren. In diesem Zusammenhang ist eines sehr wichtig: Sosehr Sie die Familie lieben, so fern liegt es Ihnen, nur Ihr eigenes Nest zu bewundern. Ganz im Gegenteil, fremde Sitten und Gewohnheiten sind Ihnen ebenso wichtig wie die eigenen. Am liebsten würden Sie in einer Gemeinschaft leben, die von Menschen der unterschiedlichsten Herkunft getragen wird.
Geborgenheit ist für Sie kein leeres Wort, sondern ein anderer Ausdruck für Erfüllung, Heimat, Göttlichkeit und Ewigkeit. Wie ein Seismograph erspüren Sie daher Unstimmigkeiten in Ihrer Umgebung, die Disharmonie verursachen und den Frieden stören können. Ihre großen heilerischen Fähigkeiten ermöglichen es, solche Dissonanzen zur Auflösung zu bringen. Hüten Sie sich aber davor, als Retter aufzutreten. Sie sind stark, wenn Sie gewisse Dinge einfach nur geschehen lassen.

Jupiter-Check
Wie habe ich Erfolg, inneres und äußeres Glück? Im Fühlen, in der Liebe, im Geben, in der Familie, in der Vergangenheit, bei den Ahnen.
Wie kann ich helfen und heilen? Durch aufdeckende Gespräche und Begleiten.

Jupiter im Löwen – DAS GLÜCK DER FREUDE

Jupiterstärken Herzenswärme, Großmut
Jupiterschwächen Eitelkeit, Dünkel

Glück bedeutet für Sie, die Möglichkeit zu haben, spontan und großzügig schenken zu können. Äußere Werte sind Ihnen deshalb nicht unwichtig, denn nur wer hat, kann geben. Aber Sie sind absolut kein Materialist, im Gegenteil: Wenn Sie nach Macht und Einfluß streben, dann nicht in erster Linie um persönlicher Vorteile willen, sondern weil Sie überzeugt sind, mit Ihrem Eintreten für Ihre Werte einen wichtigen Beitrag für die Allgemeinheit leisten zu können. Geben und großzügig sein zu können sind für Sie wesentliche Eigenschaften. Aber dieses Geben bezieht sich auf ganz andere Dinge als auf Geld und schöne Geschenke: In Ihnen lebt auch die Göttin der Muse, die nur geweckt werden möchte, um andere zu erfreuen, zu unterhalten, zu erheben. Als Künstler, Maler, Musiker, Bildhauer, Poet – darin steckt Ihre größte Erfüllung. Sie müssen jedoch nicht bühnenreif singen oder druckreif schreiben können, um Ihrer Bestimmung als »göttlicher Unterhalter« gerecht zu werden. Wo immer Sie unter Menschen sind, verbreiten Sie Ihren Optimismus. So liegt denn Ihre Bestimmung auch darin, anderen die Freude am Leben zu zeigen.
Wovor Sie sich hüten müssen, ist Ihr Stolz. Sie können nur schwer Kritik ertragen. Und wenn sich andere von Ihnen abwenden, erleben Sie das immer als persönlichen Affront. Bleiben Sie heiter! Tragen Sie das Feuer der Freude unter die Menschen! Aber achten Sie darauf, daß Sie niemanden damit verbrennen!

Jupiter-Check
Wie habe ich Erfolg, inneres und äußeres Glück? Durch lebendige Teilnahme am Leben. Durch Großzügigkeit. Durch die Kraft der Heiterkeit.
Wie kann ich helfen und heilen? Zeigen Sie anderen das Leben, wie Sie es wahrnehmen, als nährenden Urgrund, als göttlichen Spielplatz.

Jupiter in der Jungfrau – DAS GLÜCK DER GESUNDHEIT

Jupiterstärken Engagement, Bescheidenheit
Jupiterschwächen Zersplitterung

Glück ist für Sie die einfachste Sache der Welt, es liegt vor der Tür, es muß nur gefunden und aufgehoben werden. Sie sind daher auch kein Freund großangelegter und sich ewig hinziehender Expeditionen auf der Suche nach dem Glück. Entweder es ist hier – oder nirgends. Manchmal finden Sie das Glück in der Arbeit. Es stimmt Sie völlig zufrieden, wenn Dinge passen oder richtig ineinandergefügt sind und am Schluß eine Maschine läuft oder ein bestimmtes Programm Ergebnisse liefert. Manchmal finden Sie Ihr Glück in der Ordnung: Insbesondere die Natur ist Ihnen darin ein genialer Lehrmeister. Die Folge der Jahreszeiten, das Ineinandergreifen von Phasen des Wachstums und der Stagnation – das alles ist für Sie ein Ausdruck göttlicher Ordnung, die sich in Geschehnissen am Himmel tagtäglich und jahraus, jahrein wiederholt. Auf besondere Weise faszinieren Sie aber die Vorgänge im menschlichen Körper. Dieses tagtägliche Wunder von Nahrungsaufnahme und Verwandlung in Leben, das Ineinandergreifen von Atmung und dem Schlagen des Herzens, das alles ist für Sie ein sinnhafter Beweis göttlichen Wirkens.
Ihr Wissen über die Natürlichkeit und Göttlichkeit des menschlichen Seins befähigt Sie daher zum Heiler. Dafür müssen Sie nicht gleich Arzt, Heilpraktiker oder Psychotherapeut sein. Allein durch Ihre Nähe und Ihr Bewußtsein bewirken Sie bei anderen kleine Quantensprünge. Je weiter Sie selbst sind, um so eher können Sie anderen ein Vorbild sein. Wovor Sie sich hüten müssen, ist, Ihr wertvolles Wissen zu mißbrauchen. Wirken Sie durch Ihr gutes Beispiel und nicht durch Druck und Besserwisserei!

Jupiter-Check
Wie habe ich Erfolg, inneres und äußeres Glück? Im alltäglichen Tun. In der Arbeit. Im Gefühl der Ordnung.
Wie kann ich helfen und heilen? Durch bewußte Ernährung. Durch Studium von Körper und Geist. Durch Lernen von der Natur.

Jupiter sorgt dafür, daß uns ein Licht aufgeht

Jupiter in der Waage – DAS GLÜCK DER LIEBE

Jupiterstärken Toleranz, Lebenskünstler
Jupiterschwächen Eitelkeit, Genußsucht

Glück finden Sie in der Kraft der Liebe. Sie müssen nicht einmal selbst daran unmittelbar beteiligt sein. Auch wenn andere Menschen die Liebe finden, fühlen Sie sich angenommen, zu Hause, eins mit der Schöpfung. Noch göttlicher ist es natürlich, wenn die Liebe Sie selbst betrifft ... Auf einer Wolke schweben Sie, im Paradies sind Sie, im Himmel ... Liebe ist Ihrer Meinung nach Ursprung und Ziel allen Seins. Gott ist die Liebe, und das Leben entspringt aus ihr. Der Liebe geben Sie alles. Umgekehrt beschenkt Sie die Liebe auch. Sie erhalten die Fähigkeit, andere tief zu berühren, sie zu trösten, zu erfreuen und aufzubauen. Ihre Liebe ermöglicht es Ihnen, unterschiedliche Tendenzen und Wünsche aufzunehmen und in Einklang zu bringen. Sie finden immer wieder tragfähige Kompromisse, bei denen niemand der Verlierer ist. Ihr sicheres Geschick prädestiniert Sie für viele Tätigkeiten und Berufe, bei denen es auf Vermittlerqualitäten ankommt, zum Beispiel in der Politik, wenn es darum geht, Menschen mit den unterschiedlichsten Meinungen an einen Tisch zu bringen.
Auch der Kunst gehört Ihr Herz. Allerdings zählt für Sie nur das zur Kunst, was von Liebe getragen ist und Harmonie und Stimmigkeit ausdrückt. Im Grunde genommen schlummert in Ihnen selbst ein Künstler, der darauf wartet, seine Fähigkeiten zum Fließen bringen zu können.
Wovor Sie sich hüten müssen, ist, sich von Liebe und Harmonie einlullen zu lassen. Alles im Leben hat zwei Seiten. Zur Liebe gehört Auseinandersetzung und zur Harmonie Spannung. Nur wenn Sie das Gleichgewicht zwischen Harmonie und Spannung finden, ergibt sich vollendete Liebe.

Jupiter-Check
Wie habe ich Erfolg, inneres und äußeres Glück? Indem Sie verzeihen, lieben, empfangen und geben.
Wie kann ich helfen und heilen? Allein Ihre Nähe heilt.
Ihre Berührungen sind Labsal für Körper, Seele und Geist.

Jupiter im Skorpion – DAS GLÜCK DER TIEFE

Jupiterstärken Tiefgründigkeit, Spiritualität
Jupiterschwächen Exaltiertheit, Despotentum

Glück findet sich Ihrer Meinung nach auf dem Grund aller Dinge, nicht an der Oberfläche. Dieses Wissen haben Sie mit in die Welt gebracht. Es ist die Wahrheit, die Ihnen Ihr Jupiter verkündet und die Sie Ihrerseits weiterverbreiten. Sie kennen die Höhen und Tiefen menschlicher Existenz, und Sie lassen sich nicht blenden vom sogenannten schönen Schein.

Was die Welt wirklich zusammenhält, ist der ewige Kreislauf von Zeugung, Geburt, Leben und Tod. Alles war schon immer – und alles wird immer sein ... Daher nehmen Sie sich in besonderer Weise solcher Dinge an, die ausgegrenzt wurden aus diesem ewigen Kreislauf, aber unbedingt mit dazugehören. Zum Beispiel ist für Sie der Schatten ein notwendiger Teil des Lichts. Sie fühlen sich deshalb veranlaßt, sich für Schwächere einzusetzen oder aus der Gesellschaft Ausgeschlossene zu unterstützen. Sie wissen instinktiv, daß es dem Leben schadet, wenn nicht alle seine Seiten integriert werden. In Ihnen lodert das heilende Feuer Jupiters besonders stark und leidenschaftlich. Wie Pollux einst seinem toten Bruder Kastor in die Unterwelt folgte, um bei ihm zu sein, sind Sie bereit, die größten Unannehmlichkeiten auf sich zu nehmen, damit das Leben keinen Teil verliert. Sie sind daher der geborene Retter und Heiler, unabhängig davon, ob Sie diese Gaben in einem Beruf ausüben oder sie als selbstverständlichen Beitrag in Ihren Alltag einbringen.

Wovor Sie sich allerdings hüten sollen, ist, sich über das Schicksal zu stellen oder zu versuchen, ein unangenehmes, aber wichtiges Ereignis »ungeschehen« zu machen.

Jupiter-Check

Wie habe ich Erfolg, inneres und äußeres Glück? Durch Hinterfragen, In-die-Tiefe-Gehen, Abwarten und einfach Sein.

Wie kann ich helfen und heilen? Indem Sie sich derer annehmen, die von anderen Menschen ausgegrenzt werden.

Jupiter im Schützen – DAS GLÜCK DER HOFFNUNG

Jupiterstärken Idealismus, Expansion
Jupiterschwächen Schwärmerei, Naivität

Glück ist für Sie, unterwegs zu sein, auf Rädern, im Flugzeug, im Zug, auf dem Schiff. In Ihnen lebt die Geschichte aller fahrenden Völker, der Nomaden und Zigeuner, der Boten, herumziehenden Bader, Gaukler, Barden und Geschichtenerzähler. Letztlich ist es die große Suche, die Sie leitet und führt, die Suche nach dem ewigen Gral, nach Erleuchtung, nach der blauen Blume, nach der Quintessenz der Alchimie. Glaube ist für Sie Sehnsucht, Gott findet sich immer anderswo, auf dem Weg zu sein ist für Sie das Ziel.
So verbreiten Sie die Wahrheit des Vielen und nicht die des Einen. Deswegen sind Sie so tröstlich für diese Welt: Denn Sie kennen immer noch einen Weg, sehen stets eine weitere Möglichkeit. Nichts ist für Sie aussichtslos, viele Wege führen nach Rom, und kein Problem ist so groß, daß es nicht doch eine Lösung dafür gäbe.
Das Feuer, das Ihnen Jupiter in die Hände gibt, heißt »Hoffnung«, und wo immer Sie sind, keimt dieses Gut wie Samen in der Erde. Gegen Hoffnungslosigkeit, Borniertheit und Menschen, die anderen keine Chancen lassen, ziehen Sie regelrecht ins Feld. Auf Ihrem Banner stehen Gerechtigkeit und Menschenwürde, das sind Ihre fundamentalen Anliegen, für die Sie sich vehement einsetzen.
Wovor Sie sich hüten müssen, ist, das Kind mit dem Bade auszuschütten. In Ihrem heilsamen Krieg gegen die Blindheit der Menschen laufen Sie Gefahr, selbst blind und einseitig zu werden.

Jupiter-Check
Wie habe ich Erfolg, inneres und äußeres Glück? Durch die immerwährende Suche nach Sinn und Göttlichkeit.
Wie kann ich helfen und heilen? Durch Ihre hoffnungsvolle Art, Ihren Trost, Ihren Humor, Ihren Witz ...

Jupiter im Steinbock – DAS GLÜCK DES WISSENS

Jupiterstärken Führungsqualität, Ausdauer
Jupiterschwächen Lehrmeisterei

Glück ist für Sie, Ihre Arbeit getan zu haben und Ruhe und Sammlung dankbar zu genießen, ähnlich der Erde, die nach einer Phase der Dürre Regen dankbar aufnimmt. Glück ist für Sie aber auch, sich einer Sache vollständig zu verschreiben, ihr zu gehören, bis sie vollbracht ist. Darin gleichen Sie einem Bergsteiger, der nicht eher ruht, bis er auf dem Gipfel steht – und dort nach dem nächsten Ausschau hält. Sie sind daher ein Mensch, der sich selbst immer wieder antreiben und motivieren kann – nach höheren, größeren Zielen strebt.
Genauso können Sie anderen Vorbild und eine große Hilfe sein, zum Beispiel verzagten und ängstlichen Menschen. Sie sind auch eine Führungspersönlichkeit. Nicht eine, die durch große Reden andere zu beeindrucken sucht. Sie werden auch niemals andere voranschicken und selbst im Hintergrund warten. Sondern Sie gehen ihnen voraus. Um das zu leisten, was Sie sich vornehmen, brauchen Sie Kraft, Ausdauer, Zähigkeit. Daher trainieren Sie diese Eigenschaften, um sie zu verbessern.
Sie sind hart zu sich selbst, weil Sie wissen, daß Sie sich nicht schonen dürfen, wenn Sie Ihre Ziele erreichen wollen. Die gleiche Einstellung erwarten Sie allerdings auch von anderen, was manchmal dazu führt, daß diese Sie fürchten und Ihnen aus dem Weg gehen. Daher ist es für Sie wichtig zu erkennen, daß nicht alle Menschen aus dem gleichen (harten) Holz geschnitzt sind. Entwickeln Sie Geduld, Nachsicht und Toleranz für Ihre Mitmenschen, und Sie werden eines Tages den höchsten Berg bezwingen – den Berg der Weisheit.

Jupiter-Check
Wie habe ich Erfolg, inneres und äußeres Glück? Durch Arbeit und Übernahme von Verpflichtungen. Durch Demut. Durch Anstrengung und Leistung.
Wie kann ich helfen und heilen? Durch vorbildliches Verhalten. Durch richtige Führung.

Jupiter im Wassermann – DAS GLÜCK DES FORTSCHRITTS

Jupiterstärken Humanismus, Toleranz
Jupiterschwächen Autoritätskonflikte

Glück ist für Sie das Gefühl, vorwärtszuschreiten, nicht stehenzubleiben, sondern Ihren Idealen von einer besseren, gerechteren, liebevolleren Welt näherzukommen. Sie sind ein Utopist, beseelt von der Vorstellung einer Welt von morgen, in der Armut, Krankheit und anderes Leid überwunden sein werden. Und Sie unterstellen sich selbst dem Fortschritt, arbeiten für ihn, kämpfen für ihn.

Es geht Ihnen jedoch nicht allein um Ihre eigene Zukunft. Sie sind auch ein Menschenfreund, der immer an das Gute glaubt. Sie verfügen über ein großes soziales Verantwortungsbewußtsein. Und Sie suchen immer wieder nach neuen Aufgaben, bei denen Sie Schwächeren und Benachteiligten helfen können. Dabei unterstützen Sie die Eigenverantwortung und Autonomie jedes Menschen. Denn Sie wollen kein Helfer oder Missionar sein, der anderen in ihrer Not zwar hilft, sie aber in ihrer Unmündigkeit beläßt.

Ungleichheit zwischen den Menschen hassen Sie mehr als alles andere. Es fällt Ihnen daher auch schwer, unter einer straffen Hierarchie zu arbeiten und zu leben. Sie dulden keinen über, aber auch niemanden unter sich.

Das Feuer, das Ihnen Jupiter überreicht, ist die Kraft und Ihr Glaube an eine positive Zukunft. Das macht Sie für diese Welt besonders wichtig. Denn Ihrem Willen, Ihren Visionen ist es zu verdanken, daß wir uns immer weiterentwickeln und nicht stehenbleiben.

Von emotional geäußerter Kritik oder Ablehnung lassen Sie sich nicht irritieren, sondern arbeiten beharrlich an der Erreichung eines einmal gesetzten Zieles weiter.

Wovor Sie sich in acht nehmen müssen, ist, daß Sie das Alte nicht völlig verwerfen. Sie berauben sich sonst Ihrer eigenen Wurzeln. Dann ist aber auch der Fortschritt eine Illusion.

Jupiter-Check

Wie habe ich Erfolg, inneres und äußeres Glück? Durch Arbeit an einer besseren Zukunft.

Wie kann ich helfen und heilen? Durch Vermitteln von neuen Perspektiven. Durch solidarische Unterstützung. Durch Veränderung.

Jupiter in den Fischen – DAS GLÜCK DES SEINS

Jupiterstärken Liebe, Mitgefühl, Intuition
Jupiterschwächen »Helfersyndrom«

Glück bedeutet für Sie, eins zu sein mit der Schöpfung, so wie ein Tropfen, der ins Meer fällt, im Meer eins wird mit dem Ganzen. Ihr Leben richtet sich vollkommen nach dem Ideal der Selbstlosigkeit und dem Zurückstellen eigener Bedürfnisse hinter das Wohlergehen des größeren Ganzen.

Ihr Engagement für eine bessere, humanere, liebevollere Welt macht auch vor eigenen Konsequenzen nicht halt, und es kann sein, daß Sie, weil Sie beispielsweise Tiere als beseelt betrachten, kein Fleisch mehr essen. In besonderer Weise gilt Ihr Schutz all jenen, die selbst nicht in der Lage sind, sich zu schützen: Kindern, Kranken oder auch Tieren. Soziales Engagement ist für Sie kein Schlagwort, sondern ein selbstverständlicher Teil des Lebens.

Ihr Jupiter macht Sie sensibel für Ungerechtigkeit und Lieblosigkeit; und er schenkt Ihnen die Kraft und Fähigkeit, entsprechende Mißstände zu mildern. Sei es, daß Sie ein Arzt oder ein Krankenpfleger werden oder einer Umweltorganisation beitreten. Jupiter verleiht Ihnen eine besondere Magie, die Leid und Traurigkeit auflöst. Sie tun aber auch gut daran, diese besondere Fähigkeit weiterzuentwickeln, indem Sie Heilpraktiker werden oder sich mit Dingen beschäftigen, die Ihre Neigungen fördern.

Da Sie Ihre Aufmerksamkeit oft auf ferne Ideale legen, welche für Sie auch mit tiefempfundenen Gefühlen verbunden sind, macht Ihnen die Bewältigung des Naheliegenden und der Umgang mit der unmittelbaren, konkreten Wirklichkeit mitunter etwas Mühe. Des weiteren ist es wichtig, daß Sie sich als Helfer nicht mißbrauchen lassen. Sie sollten daran arbeiten, sich deutlicher abgrenzen zu können.

Jupiter-Check

Wie habe ich Erfolg, inneres und äußeres Glück? Durch Hingabe an das, was ist. Durch Liebe des Ganzen.

Wie kann ich helfen und heilen? Sie besitzen große heilerische Fähigkeiten, die Sie nur zum Fließen bringen müssen.

Das Saturnhoroskop – ZUM LEUCHTENDEN DIAMANTEN WERDEN

In der Astrologie gilt Saturn weithin als Übeltäter, als Verkörperung des Schlechten und Bösen. Er scheint es darauf abgesehen zu haben, uns das Leben so schwer wie irgend möglich zu machen. Wie der Drache im Märchen verkörpert er Gefahr, Schrecken, ja, zuweilen sogar den Tod. Daher finden sich alte Abbildungen, auf denen Saturn als Skelett mit Sense zu sehen ist, das alles erbarmungslos niedermäht. Saturn kennt kein Mitleid, keine Gnade. Er wirft den Menschen ihr Schicksal vor die Füße – und es bleibt nichts anderes, als es zu nehmen und zu tragen.

Aber es existiert doch auch eine andere, eine positive Seite. Wenn Saturn einen plagt, schikaniert, an den Abgrund heranführt, dann hilft er ebenso, sich gegen die Unbilden des Schicksals zu wappnen. Saturn bietet daher die Chance, stark zu werden. Er »schmiedet« den Menschen, macht ihn hart, widerstandsfähig, ausdauernd. Wer immer etwas Großes erreicht in seinem Leben, der schafft es mit Hilfe Saturns und seiner (oft) grausamen Wechselbäder. Dort, wo in unserem Horoskop der Planet Saturn steht, müssen wir also lernen, in die Schule gehen, dort werden wir gestreckt und zusammengeschoben, kritisiert und tyrannisiert, trainiert und behindert – bis wir Perfektion erlangen. Perfektion, Vollkommenheit, Reinheit – vom Rohling zum Diamanten: So läßt sich das Wirken Saturns zusammenfassen.

Und dennoch geht es dabei keineswegs ausschließlich um Härte, Ausdauer, Übung, Verzicht und unermüdliches Arbeiten an sich selbst. Der Weg zur Vollkommenheit führt unmittelbar am Fluß der Gnade entlang. Die Arbeit mit und durch Saturn besteht nicht nur aus Ehrgeiz und läuft auch nicht allein nach dem Motto »Gelobt sei, was hart macht!« Vielmehr schließt der Weg zur Vollendung ebenso Demut mit ein. Saturn ist kein kalter, gemeiner, fordernder Feind, dem gegenüber es sich nur zu wappnen und zu rüsten gilt. Er verlangt – nein, er verdient – auch Ehrfurcht und Liebe.

DIE ERMITTLUNG DES SATURNZEICHENS

Suchen Sie in der folgenden Saturntabelle Ihren Geburtstag, und entnehmen Sie Ihr Saturnzeichen, das Sie auf den entsprechenden Text im Anschluß verweist. (Siehe auch die Vorbemerkung am Beginn von Teil II dieses Buches.)

Die Saturntabelle

1920* Jungfrau, **1921** 1.1.–8.10. Jungfrau, 9.10.–31.12. Waage, **1922** Waage, **1923** 1.1.–20.12. Waage, 21.12.–31.12. Skorpion, **1924** 1.1.–6.4. Skorpion, 7.4.–14.9. Waage, 15.9.–31.12. Skorpion, **1925** Skorpion, **1926** 1.1.–2.12. Skorpion, 3.12.–31.12. Schütze, **1927–1928** Schütze, **1929** 1.1.–15.3. Schütze, 16.3.–5.5. Steinbock, 6.5.–30.11. Schütze, 1.12.–31.12. Steinbock, **1930–1931** Steinbock, **1932** 1.1.–23.2. Steinbock, 24.2.–13.8. Wassermann, 14.8.–19.11. Steinbock, 20.11.–31.12. Wassermann, **1933–1934** Wassermann, **1935** 1.1.–14.2. Wassermann, 15.2.–31.12. Fische, **1936** Fische, **1937** 1.1.–24.4. Fische, 25.4.–18.10. Widder, 19.10.–31.12. Fische, **1938** 1.1.–13.1. Fische, 14.1.–31.12. Widder, **1939** 1.1.–5.7. Widder, 6.7.–23.9. Stier, 24.9.–31.12. Widder, **1940** 1.1.–19.3. Widder, 20.3.–31.12. Stier, **1941** Stier, **1942** 1.1.–9.5. Stier, 10.5.–31.12. Zwillinge, **1943** Zwillinge, **1944** 1.1.–19.6. Zwillinge, 20.6.–31.12. Krebs, **1945** Krebs, **1946** 1.1.–2.8. Krebs, 3.8.–31.12. Löwe, **1947** Löwe, **1948** 1.1.–18.9. Löwe, 19.9.–31.12. Jungfrau, **1949** 1.1.–3.4. Jungfrau, 4.4.–29.5. Löwe, 30.5.–31.12. Jungfrau, **1950** 1.1.–20.11. Jungfrau, 21.11.–31.12. Waage, **1951** 1.1.–7.3. Waage, 8.3.–13.8. Jungfrau, 14.8.–31.12. Waage, **1952** Waage, **1953** 1.1.–22.10. Waage, 23.10.–31.12. Skorpion, **1954–1955** Skorpion, **1956** 1.1.–12.1. Skorpion, 13.1.–14.5. Schütze, 15.5.–9.10. Skorpion, 10.10.–31.12. Schütze, **1957–1958** Schütze, **1959** 1.1.–5.1. Schütze, 6.1.–31.12. Steinbock, **1960–1961** Steinbock, **1962** 1.1.–3.1. Steinbock, 4.1.–31.12. Wassermann, **1963** Wassermann, **1964** 1.1.–23.3. Wassermann, 24.3.–17.9. Fische,

* Siehe auch die Anmerkung zur Mondtabelle.

18.9.–15.12. Wassermann, 16.12.–31.12. Fische, **1965–1966** Fische, **1967** 1.1.–3.3. Fische, 4.3.–31.12. Widder, **1968** Widder, **1969** 1.1.–29.4. Widder, 30.4.–31.12. Stier, **1970** Stier, **1971** 1.1.–18.6. Stier, 19.6.–31.12. Zwillinge, **1972** 1.1.–10.1. Zwillinge, 11.1.–21.2. Stier, 22.2.–31.12. Zwillinge, **1973** 1.1.–1.8. Zwillinge, 2.8.–31.12. Krebs, **1974** 1.1.–7.1. Krebs, 8.1.–18.4. Zwillinge, 19.4.–31.12. Krebs, **1975** 1.1.–16.9. Krebs, 17.9.–31.12. Löwe, **1976** 1.1.–14.1. Löwe , 15.1.–4.6. Krebs, 5.6.–31.12. Löwe, **1977** 1.1.–16.11. Löwe, 17.11.–31.12. Jungfrau, **1978** 1.1.–5.1. Jungfrau, 6.1.–25.7. Löwe, 26.7.–31.12. Jungfrau, **1979** Jungfrau, **1980** 1.1.–20.9. Jungfrau, 21.9.–31.12. Waage, **1981** Waage, **1982** 1.1.–28.11. Waage, 29.11.–31.12. Skorpion, **1983** 1.1.–6.5. Skorpion, 7.5.–24.8. Waage, 25.8.–31.12. Skorpion, **1984** Skorpion, **1985** 1.1.–16.11. Skorpion, 17.11.–31.12. Schütze, **1986–1987** Schütze, **1988** 1.1.–14.2. Schütze, 15.2.–31.12. Steinbock, **1989–1990** Steinbock, **1991** 1.1.–6.2. Steinbock, 7.2.–31.12. Wassermann, **1992–1993** Wassermann, **1994** 1.1.–28.1. Wassermann, 29.1.–31.12. Fische, **1995** Fische, **1996** 1.1.–6.4. Fische, 7.4.–31.12. Widder, **1997** Widder, **1998** 1.1.–8.6. Widder, 9.6.–24.10. Stier, 25.10.–31.12. Widder, **1999** 1.1.–28.2. Widder, 1.3.–31.12. Stier, **2000** 1.1.–9.8. Stier, 10.8.–15.10. Zwillinge, 16.10.–31.12. Stier, **2001** 1.1.–20.4. Stier, 21.4.–31.12. Zwillinge, **2002** Zwillinge, **2003** 1.1.–3.6. Zwillinge, 4.6.–31.12. Krebs

Saturn im Widder – ÜBER DIE KRAFT HERRSCHEN

Saturnstärken Ehrgeizig, machtvoll, führungsbegabt, durchsetzungsstark, edel
Saturnschwächen Rechthaberisch, sarkastisch, bösartig, bissig, gemein

In Ihrem Leben geht es darum, Ihre Wildheit zu bändigen, Ihre Emotionen zu zügeln und Ihren persönlichen Willen einem höheren Ziel, einer Idee mit allgemeinem Wert unterzuordnen. Beschreiben ließe sich Saturn als »Pferdeflüsterer« und das Widderzeichen als wildes Pferd, aus dem ein edles Wesen werden soll, das seinem Reiter seine feurige Energie voll und gern zur Verfügung stellt.
Es besteht allerdings auch die Variante, die Wildheit zu brechen und sie zu unterdrücken. Das machen viele Menschen mit Saturn im Widder. Sie verdrängen und vergessen ihre Wildheit und sind schließlich im Besitz eines, um es salopp auszudrücken, alten Kleppers. Die andere Möglichkeit bedarf großer Geduld und harter Arbeit an sich selbst. Man muß die Auseinandersetzung mit dem Leben als Läuterungsprozeß begreifen und Kritik nicht als Verhinderung oder Bösartigkeit des Schicksals, sondern als einen Wink Saturns nehmen. Und es ist notwendig, Emotionen, Wünsche und Sehnsüchte zu hinterfragen und dem Prozeß der Läuterung unterzuordnen.

Saturn-Check
Wo muß ich mich Saturn beugen? Ich muß mein Feuer zähmen und Geduld lernen.
Auf welchen Wegen führt mich Saturn zum Erfolg? Durch Verhinderung, Kritik und Strafe – damit ich vollkommen werde.

Saturn im Stier – ÜBER DIE LUST HERRSCHEN

Saturnstärken Beharrlichkeit, Festigkeit, Standhaftigkeit, Sparsamkeit
Saturnschwächen Geiz, Gefühllosigkeit, Sturheit, Gier, Neid, Existenzangst

Menschen mit Saturn im Stier nehmen sich vom Leben mehr, als ihnen zusteht, und leiden dann unter den Folgen. Man ißt und trinkt mehr, als man verdauen kann – und nimmt zu, setzt Fett an, bekommt Bewegungsprobleme und wird unter Umständen krank. Des Mammons wegen arbeitet man mehr und härter, als einem guttut – und wird nervös, gestreßt und ist zum Schluß arbeitsunfähig. Man legt sein Geld in Geschäften an, die man nicht übersieht – und zu guter Letzt ergeht es einem wie Hans im Glück: Man besitzt gar nichts mehr. Man lebt also über seine Verhältnisse, und das von Kindesbeinen an. Dramatische Auseinandersetzungen mit Eltern und anderen Erwachsenen sind die Folge, wobei zunächst immer die anderen die »bösen, versagenden und mißgünstigen« Menschen sind. Aber es ist Saturn, der einem das Leben schwermacht. Er verlangt Verzicht, und das gerade dort, wo das Leben am meisten Spaß macht. Das ist ein harter, mühsamer, frustrierender Weg. Auf der anderen Seite entwickelt man auf diese Weise eine besonders feine Sinnlichkeit, wird zum Genießer der kleinen Dinge und der wirklichen Köstlichkeiten des Lebens. Auf dem Weg dorthin hält einem Saturn jedoch jede »Verfehlung« vor: Wer uneingeschränkt seiner Lust folgt, bekommt dafür früher oder später die Rechnung.

Saturn-Check
Wo muß ich mich Saturn beugen? Ich darf meiner Lust und meinen Wünschen nicht nachgeben. Auch gegenüber sämtlichen materiellen Werten – Geld und Reichtum – bedarf es Aufmerksamkeit.
Auf welchen Wegen führt mich Saturn zum Erfolg? Durch Leid, Schmerzen, Versagung und Verhinderung, unter Umständen auch durch Krankheit.

Saturn in den Zwillingen – ÜBER DIE LEICHTFERTIGKEIT HERRSCHEN

Saturnstärken	Klarheit, Überblick, das Wesentliche erkennen, literarisches Geschick, geistige Wendigkeit
Saturnschwächen	Die Wahrheit verdrehen, Unsicherheit, Besserwisserei, Charakterschwäche

Ihre Aufgabe ist es, sich im Leben nicht zu verzetteln, die Wahrheit zu finden und nicht ihren Schein, Wissen zu erwerben, das wirklich nützlich ist. Sie gehen Ihr Lebtag lang in eine Schule, in der Sie lernen, immer besser zu werden, immer mehr Kenntnisse zu erwerben. Aber dieses »Besser« und dieses »Mehr« sind nicht einfach quantitativ gemeint. Es geht um einen großen Reifungsprozeß.
Was ist der Grund, Sie dermaßen streng zu disziplinieren? – In Ihrer Persönlichkeit findet sich ein unglaublich leichtfertiger Anteil. Aus der Sicht des (Über-)Lebens heraus braucht es daher eine andere, eben die saturnische Kraft, damit Sie sich nicht aus dieser Leichtfertigkeit heraus selbst schaden. In Ihrer Tiefenpsyche herrscht also ein berechtigter Zweifel an Ihren Kontrollfunktionen. Das ist der Grund für die Strenge Saturns. Wenn Sie mit Ihrem Saturn in den Zwillingen behutsam und richtig umgehen, dann »schleifen« Sie sich selbst, werden nicht überheblich, sondern orientieren sich an anderen und suchen sich Lehrer und Meister, die Ihnen helfen, vollkommener zu werden.
Worauf Sie noch achten müssen: Mit dieser Saturnstellung neigt man zu einsamen Entschlüssen. Sozusagen als Gegenreaktion auf die Leichtfertigkeit wird man zum Dogmatiker und Besserwisser, zu einem, der alles mit dem Kopf checkt. Eine solche Haltung entspricht nicht dem Wunsch Saturns.

Saturn-Check

Wo muß ich mich Saturn beugen? Ich muß lernen, Kritik konstruktiv zu nehmen. Ich muß über sämtliche Konsequenzen meines Verhaltens Bescheid wissen.
Auf welchen Wegen führt mich Saturn zum Erfolg? Durch Verhinderung, Mißerfolg und Demütigung.

Saturn im Krebs – ÜBER DIE GEFÜHLE HERRSCHEN

Saturnstärken Selbstbeherrschung, seine Gefühle im Griff haben, zum Kern vordringen, Distanz, Wahrhaftigkeit, Zuverlässigkeit
Saturnschwächen Gefühlskälte, Rückzug, Mißtrauen, Pessimismus

Ihr Saturn hat Sie auf eine besondere Lebensreise geschickt: Aus einem Wesen, das seinen Gefühlen und Instinkten folgt, soll ein Mensch werden, der sein Leben nach Einsicht, Wahrheit und höherem Wissen steuert. Der Weg ist überaus schwierig und schmerzlich. Saturn hat Ihnen nämlich Angst vor dem Glück und sogar vor der Liebe eingepflanzt. Als wäre es für Sie verboten, Zufriedenheit zu kosten. Als müßten Sie immer wieder die Erfahrung machen, daß das Leben bitter ist.
Woher kommen diese Ängste? – Ihre Psyche ist geprägt von traumatischen Erfahrungen. Es kann sein, daß diese Erfahrungen aus früheren Leben stammen. Es ist aber genauso möglich, daß Sie mit bestimmten existentiellen Erfahrungen Ihrer Ahnen verbunden sind. Jedenfalls lebt in Ihnen die Angst fort, Ihre Gefühle könnten mißbraucht werden, so wie es schon einmal geschehen ist. Deswegen mißtraut Saturn grundsätzlich allen Gefühlen. Es ist reiner Schutz. Sie sollen über die Gefühle hinauswachsen, unabhängig und frei von ihnen werden. Aber Sie dürfen Saturn auch nicht zum Alleinherrscher über Ihr Leben erheben und grundsätzlich vor Gefühlen davonlaufen. Sie sollen klüger, erfahrener ins Leben treten, damit Ihnen nichts Schlechtes widerfährt. Ziel Ihres Lebens ist, Ihre Vergangenheit zu überwinden, nicht vor ihr zu kapitulieren. Stellen Sie sich Ihren Gefühlen! Sie sind kein Kind mehr, das man verletzen kann. Sie sind eine erwachsene, starke Person!

Saturn-Check
Wo muß ich mich Saturn beugen? Ich muß lernen, über meine Gefühle hinauszuwachsen.
Auf welchen Wegen führt mich Saturn zum Erfolg? Durch Angst, Schmerzen, Versagung und Leid.

Saturn im Löwen – ÜBER DAS EGO HERRSCHEN

Saturnstärken Selbstbeherrscht, erhaben, edel, vollendet sein
Saturnschwächen Arrogant, selbstherrlich sein

Mit Saturn im Löwen ist man dafür bestimmt, das Höchste anzustreben – und muß doch immer wieder die Erfahrung machen, ganz unten zu sein. Diese Saturnposition schmiedet Menschen, die Ruhm und Ehren erwerben, Meister und Führungspersönlichkeiten. Aber der Weg dorthin ist beschwerlich; es muß viel erduldet, durchgemacht und verstanden werden. Das Leben pendelt zwischen Macht und Ohnmacht, zwischen Stolz und Scham hin und her. Allmählich entwickelt man Angst vor Macht, Verantwortung und Erfolg – und wird doch auch regelrecht davon angezogen.

Saturn im Löwen kann mit der Zeit zu Unlust dem Leben gegenüber führen. Dagegen muß man dann selbst »zu Felde ziehen«. Zuvor braucht es die Einsicht, was Saturn eigentlich bezwecken möchte. Diese Saturnposition ist die Folge von Machtmißbrauch. Vielleicht hat man in einem früheren Leben versagt, die Verantwortung nicht übernommen. Vielleicht trägt man aber auch an einer Schuld der eigenen Ahnen.

Saturn im Löwen »erzieht« einen dazu, sein Wirken, sein Verhalten und Sein zu überdenken und hinsichtlich sämtlicher Konsequenzen zu verantworten. Dazu gehört im besonderen das Verhalten als Vater bzw. Mutter den eigenen Kindern gegenüber. Man muß die Verantwortung selbst dann übernehmen, wenn man nach gängiger Meinung davon freigesprochen wird, wie zum Beispiel bei einer Krankheit oder einem Unfall.

Saturn-Check

Wo muß ich mich Saturn beugen? Ich muß lernen, Verantwortung zu übernehmen.

Auf welchen Wegen führt mich Saturn zum Erfolg? Er behindert mich, ich werde gedemütigt, kritisiert.

Saturn in der Jungfrau – ÜBER DEN KÖRPER HERRSCHEN

Saturnstärken Treue, Anhänglichkeit, Arbeitseifer, Selbstkontrolle, Genügsamkeit
Saturnschwächen Ernst, Pedanterie, Kritiksucht

Wenn sich Saturn in der Jungfrau niederläßt, trifft Kontrolle auf Kontrolle. Denn allein das Zeichen Jungfrau bedeutet, daß man seine Gefühle, seine Triebe, seinen Sex, seinen gesamten Körper im Griff hat. Wenn dann Saturn noch hinzukommt, verdoppelt sich die vorsichtige und kritische Einstellung. Bei dermaßen viel Skepsis muß in der Vergangenheit (in einem früheren Leben, in der eigenen Ahnenreihe) etwas geschehen sein, das große Angst hervorgerufen hat: Angst vor Sexualität und dem damit verbundenen Akt der Zeugung, Angst vor Schwangerschaft und Geburt. Saturn in der Jungfrau verweist auf ein »Versagen« in diesem Bereich: Vielleicht mußte eine Schwangerschaft abgebrochen werden, möglicherweise kam ein Kind tot zur Welt, oder beide, Mutter und Kind, kamen zu Tode.
Saturn in der Jungfrau schiebt jetzt einen Riegel vor Sex und Zeugung, blockiert die Gefühle, verringert die Lust, versucht, aus dem »Tiermenschen« mit seiner Abhängigkeit von Lust und Trieben einen Homo sapiens im wahrsten Sinne des Wortes, einen »weisen« Menschen, zu machen. Saturn verhindert also und weckt zugleich die Sehnsucht, das Körperhafte des Lebens zu transformieren, ein Wesen zu sein, dessen Energie nicht den Lenden, sondern dem Geist entspringt. Das heißt beileibe nicht, gleich in ein Kloster zu ziehen. Aber sich mit diesem Thema auseinanderzusetzen, das bleibt niemandem erspart, der Saturn in der Jungfrau hat.

Saturn-Check
Wo muß ich mich Saturn beugen? Ich muß lernen, meine Lust zu kontrollieren.
Auf welchen Wegen führt mich Saturn zum Erfolg? Durch Versagen, Enttäuschung, Krankheit und – last, not least – Einsicht.

Saturn in der Waage – ÜBER DIE LIEBE HERRSCHEN

Saturnstärken	Gerechtigkeitssinn, Ausgewogenheit, wahrhaftig lieben können
Saturnschwächen	Disharmonie, Unzufriedenheit, Gefühlskälte, Einsamkeit

Saturn in der Waage bedeutet die lebenslange Aufforderung, nach der »richtigen, wahren« Liebe zu suchen. Ihr gilt das ganze Sehnen und Streben. Um sie zu finden, müssen jede Menge Enttäuschungen verkraftet werden. Denn was man für Liebe hält – den Rausch der Sinne, überwältigende Gefühle, Herz und Schmerz –, hat vor Saturn noch lange keinen Bestand. In seinen Augen heißt Liebe, daß sich Ich und Du, der eine und der andere, gleichwertig gegenübertreten. Niemand ist kleiner oder größer, gescheiter oder dümmer, wichtiger oder unbedeutender, reifer oder naiver. Das klingt einfach und ganz selbstverständlich, ist es aber nicht. Menschen haben von Natur aus das Bestreben, sich selbst zu verwirklichen, andere (und dazu zählen auch Partner) hingegen hintanzustellen. Darüber hinaus besteht Saturn auf Zuverlässigkeit. Vor ihm zählt noch das »eherne Gesetz«: »... bis daß der Tod uns scheidet!«
Es müssen gravierende Dinge geschehen sein (in einem früheren Leben, in der Ahnenreihe), daß jetzt Saturn persönlich über die Liebe wacht. Es kam zu unwürdigem Verhalten. Jemand wurde im Stich gelassen. Die Liebe wurde verraten. Herzen wurden gebrochen ... Jetzt »zahlen« Sie dafür. Aber es ist keine Rache oder Strafe. Saturn macht Sie stark, damit Sie die gleichen Fehler vermeiden. Er bringt Sie auf den Weg, und er läßt Sie leiden, solange Sie nicht angekommen sind.

Saturn-Check

Wo muß ich mich Saturn beugen? Ich muß lernen, verbindlich zu sein.

Auf welchen Wegen führt mich Saturn zum Erfolg? Durch »falsche« Liebe, Liebeskummer und Alleinsein.

Saturn im Skorpion – ÜBER DIE VERGÄNGLICHKEIT HERRSCHEN

Saturnstärken Tiefe, Zugehörigkeit, Willenskraft, Verbundenheit mit den Ahnen
Saturnschwächen Engstirnigkeit, Fanatismus

Saturn im Skorpion verweist auf tragische, leidvolle Erfahrungen. Könnte man sein Leben rückwärts ablaufen lassen, so würden rasch Szenen auftauchen, in denen man auf der Flucht, vertrieben, ohne Heimat, ohne Zugehörigkeit, ohne Familie ist. Auch bei den Ahnen, den Eltern, Großeltern und noch weiter zurück herrschen diese Themen vor. Man hat keine richtigen Wurzeln, kein Erbe, das man übernehmen, keine Fußstapfen, in die man treten kann. Wenn man zurückschaut, finden sich Leben ohne Glanz, ohne Würde, ohne Höhepunkte. Daher drängt einen Saturn mit aller Macht dazu, seinem Leben einen Wert zu verleihen. Denn das Gefühl, daß die eigenen Ahnen ein würdeloses Leben führen mußten, formt sich in den Seelen der Nachkommen zu einem großen, mächtigen Anspruch, es besser zu machen, den Gipfel zu ersteigen.
Saturn im Skorpion veranlaßt einen, die dünnen Fäden aus der Vergangenheit aufzuspüren und im Lauf des Lebens ein Netz daraus zu knüpfen – um so wieder einen Halt zu finden. In der Weise, wie man sich umdreht und vor der Vergangenheit verneigt, bekommt man eine Verbindung zu den Ahnen und der eigenen Vergangenheit und erhält Kraft und Wissen. Das ist der »Dank der Ahnen«. Weil man sich ihrer annimmt, erfährt man ihren Schutz, steht nie allein im Leben. Hinter einem steht die Kraft der Vergangenheit.

Saturn-Check
Wo muß ich mich Saturn beugen? Ich muß mich vor der Vergangenheit verneigen.
Auf welchen Wegen führt mich Saturn zum Erfolg? Durch hohe Ansprüche an mich selbst und mein Leben.

Saturn im Schützen – ÜBER WAHRHEIT UND WISSEN HERRSCHEN

Saturnstärken Pioniergeist, Mut, Weisheit, Stärke, Wahrhaftigkeit
Saturnschwächen Dünkel, Zynismus, Grausamkeit

Saturn im Schützen bedeutet eine Reise zu sich selbst. Es ist, als würde dieser Planet zu einem sagen: »Such deinen eigenen Weg! Laß dich nicht von anderen beeinflussen. Hör nur auf dich ...!« Diese starke Hinwendung zu sich selbst und gleichzeitige Abkehr von anderen beruht auf einer Reihe großer Enttäuschungen in der Vergangenheit (der eigenen bzw. derjenigen der Ahnen), bei denen der Glaube an andere Menschen verlorenging: Vielleicht versagte ein Arzt, es unterlief ihm ein Fehler, oder er gab sich zuwenig Mühe. Vielleicht wurde man auch in seinem Glauben zutiefst erschüttert, weil »Gott« etwas Schreckliches zuließ, einem nicht beistand. Es gehört auch zur Vergangenheit von Menschen mit Saturn im Schützen, daß man – um zu überleben – seinem Glauben abschwören mußte. Jedenfalls bestand am Anfang eine große Hoffnung, die schließlich in eine große Enttäuschung mündete.
Mit Saturn im Schützen hat man einen Vertrauten an seiner Seite, einen, der hilft, derartige Enttäuschungen zu vermeiden. Mit diesem Saturn ist man von vornherein skeptisch. Man kommt bereits mit Mißtrauen auf die Welt, und im Lauf der Jahre gewöhnt man sich immer stärker daran, alles in Frage zu stellen. Man wird ein Mensch, der zwischen Illusion und Wahrheit genau unterscheiden kann. Man wird weise.

Saturn-Check
Wo muß ich mich Saturn beugen? Ich muß lernen, mir selbst immer mehr zu vertrauen.
Auf welchen Wegen führt mich Saturn zum Erfolg? Durch Enttäuschungen, Fehlschläge und Irrwege.

Saturn im Steinbock – ÜBER SICH HERRSCHEN

Saturnstärken Klarheit, Standhaftigkeit, Verantwortlichkeit, Führungskompetenz, Selbstbeherrschung
Saturnschwächen Kälte, Rücksichtslosigkeit, Einsamkeit

Mit dieser Position besitzt man einen besonders mächtigen Saturn. Das beruht darauf, daß er der regierende Planet des Tierkreiszeichens Steinbock ist. Man sagt, er sei dort zu Hause und könne sich gut entfalten, seine Kraft verdoppelt sich im Steinbock. Auf der einen Seite führt das dazu, daß Sie kontinuierlich an einer Lebensaufgabe arbeiten. Sie lautet: etwas Großes im Leben vollbringen! Auf der anderen Seite führt diese doppelte Saturnkontrolle dazu, sich selbst zu mißtrauen: Sie haben Angst vor sich selbst, Ihren Gefühlen, Ihren Absichten, Ihrem Tun.
Diese Angst hat ihre Wurzeln in der Vergangenheit (in einem früheren Leben, im Leben Ihrer Ahnen), in der Sie bzw. Ihre Vorfahren ausgenutzt, manipuliert oder sogar mißbraucht wurden. Zu denken ist auch an Verführung oder gewalttätigen Mißbrauch von Kindern, wohl die verwerflichste Untat. Irgend etwas dieser Art ist geschehen, daß Sie sich heute nicht mehr selbst vertrauen. Für Sie sind Menschen gefährlich, unberechenbar, zu allem fähig.
In der Weise, wie Sie älter werden und sich selbst beweisen, daß das Leben, Sie, die anderen berechenbar sind, werden Sie neues Vertrauen schöpfen. Sie werden neue Gefühle entdecken, Gefühle, die weniger aus dem Bauch, sondern aus dem Herzen kommen. Sie können lieben und mit anderen Menschen zusammensein. Aber Sie können auch allein sein. Sie sind unabhängig, selbständig, und Ihr Leben wird getragen von Stimmigkeit und Zufriedenheit.

Saturn-Check
Wo muß ich mich Saturn beugen? Ich muß lernen, Herr meiner selbst zu sein.
Auf welchen Wegen führt mich Saturn zum Erfolg? Durch Angst, Vorsicht, Enttäuschung.

Saturn im Wassermann – ÜBER DAS CHAOS HERRSCHEN

Saturnstärken Individualität, Erfindertum, Menschlichkeit
Saturnschwächen Chaotisch, verwirrt und verrückt sein, Hochstapelei

Menschen mit Saturn im Wassermann suchen etwas besonders Wertvolles im Leben, nämlich Individualität. Individualität ist kostbar. Zwar sagt man leicht dahin, jeder sei ein Individuum. Aber das ist hier nicht gemeint. Ein Individuum in diesem Sinne besitzt einen ganz eigenen Charakter, etwas völlig Besonderes und Einmaliges. Dadurch unterscheidet sich der einzelne von allen anderen Menschen, vergleichbar einem einzeln stehenden Baum in einer Landschaft.
Dieser Wunsch nach Individualität ist uralt. Sie tragen ihn schon lange (viele Leben, durch Generationen hindurch) mit sich herum. Sie sind aus der Gesellschaft ausgebrochen, haben Ihre Familie verlassen – immer auf der Suche nach Freiheit, nach Individualität. Sie haben Menschen mit anderem Glauben, aus anderen Ländern und aus anderen sozialen Schichten geliebt. Kinder kamen, noch bevor ein längeres Zusammenleben überhaupt zur Diskussion stand. Sie selbst entstammen letztendlich einer derartigen »Augenblicksverbindung«. Sie verdanken Ihr Leben einem »Zufall«, einer Laune des Lebens und der Spontaneität und Freiheit Ihrer Vergangenheit.
Aber Sie waren auch blind und unwissend und erlebten daher grandiose Irrungen und Verwirrungen. Sie erlitten die große Angst vor dem Chaos, vor einem Sein ohne Ordnung und Sicherheit. Sie wurden ausgestoßen und verbannt, verjagt und geächtet. – Jetzt begleitet Sie Saturn. Sie werden Ihr freies Leben fortführen und sich dabei immer sicherer am Chaos vorbeimanövrieren.

Saturn-Check
Wo muß ich mich Saturn beugen? Ich muß lernen, meine Individualität zu leben, ohne im Chaos unterzugehen.
Auf welchen Wegen führt mich Saturn zum Erfolg? Durch Reinfall, Bruchlandung und Fehlentscheidung.

Saturn in den Fischen – SEIN MITGEFÜHL BEHERRSCHEN

Saturnstärken Toleranz, Opferbereitschaft, Weitblick, Visionen
Saturnschwächen Ich-Schwäche, Isolation, Selbstzweifel

Saturn in den Fischen bedeutet ein Geheimnis. Wie im Märchen wird Ihnen aufgetragen, sich auf eine Reise zu begeben. Wohin? Vielleicht zum Ende des goldenen Regenbogens. Oder ans Ende der Welt. Oder nirgendwohin. Mit Saturn in den Fischen ist einem zwar ein Geheimnis in die Wiege gelegt – aber mehr weiß man nicht. Das Geheimnis hat damit zu tun, daß in Ihrer Vergangenheit (in einem früheren Leben, in Ihrer Ahnenreihe) jemand verschwiegen wurde: ein Kind, eine andere Frau, der richtige Vater ... Dieses verleugnete, verschwiegene, verheimlichte Leben fehlt jetzt Ihrer Seele, und sie sucht danach, ohne daß Sie es selbst bewußt wahrnehmen.
In Ihrer Vergangenheit existieren solche Geschehnisse. Von daher haben Sie ein besonderes »Organ« für Unrecht und Lüge. Wo immer in dieser Welt Unrecht geschieht, leiden Sie mit. Jedes Leid zieht Sie regelrecht an. Aber das hat auch fatale Folgen für die Liebe. Sie neigen dazu, sich einen Partner zu suchen, der ganz besonders der Liebe bedarf, weil er unglücklich ist. Dann können Sie ihm – so glauben Sie zumindest – all das angedeihen lassen, was in der Vergangenheit nicht geschehen ist: grenzenlose Liebe. Sie nehmen ihn an. Sie sind für ihn da. Sie verstoßen ihn nicht.
Aber das ist der falsche Weg. Sie müssen mit der Vergangenheit fertig werden und sie nicht ständig vor sich hertragen. So wiederholen Sie Ihr Karma nur. Sie müssen nicht aufhören, andere zu lieben. Aber Sie dürfen das rechte Maß nicht aus dem Auge verlieren.

Saturn-Check
Wo muß ich mich Saturn beugen? Ich muß mich mit meiner Vergangenheit auseinandersetzen.
Auf welchen Wegen führt mich Saturn zum Erfolg? Durch Desillusionierung und Enttäuschung.

Schon immer suchte der Mensch einen Halt bei den Sternen

Info:

IHR PROFESSIONELL ERRECHNETES HOROSKOP

Im Computerzeitalter ist es ein leichtes, die exakte Horoskopzeichnung eines Menschen in Sekundenschnelle anzufertigen, wenn man die dazu erforderlichen Daten (siehe unten) eingegeben hat. Es dauert auch nicht lange, bis der Rechner dann die entsprechenden Deutungen aus Textbausteinen zusammenstellt. Daher gibt es inzwischen zahlreiche Anbieter, bei denen Sie mehr oder weniger preisgünstig Horoskope mit und ohne Interpretation erhalten können.
Beim Verfasser dieses Buches kann man gegen Vorauszahlung von 20,– DM/10,– Euro (in bar oder als Scheck; ab 2002 bitte in Euro) ein Geburtshoroskop (nur Zeichnung) bestellen. Bitte Name, Adresse, Geburtstag, Geburtszeit (gegebenenfalls beim Standesamt des Geburtsortes erfragen) und Geburtsort (bei kleineren Orten auch zusätzlich die nächste größere Stadt) angeben.
Wenn Sie möchten, können Sie hier auch eine vom Computer erstellte Persönlichkeitsanalyse anfordern. Der Preis für die etwa zwanzig Seiten umfassende Interpretation beträgt 60,– DM/30,– Euro inklusive Horoskop.
Sie können ebenso eine vom Computer berechnete Jahresprognose bestellen. Die kleine Vorausschau (zirka 15 Seiten, nur langsam laufende Planeten) kostet 60,– DM/30,– Euro. Die große Vorausschau (etwa 50 Seiten mit Merkur, Venus und Mars) kostet 80,– DM/40,– Euro (bitte Zeitraum angeben).
Sie haben dann eine zuverlässige Vergleichsmöglichkeit und können Ihre ganz individuellen Prognosen mit Büchern wie diesem abstimmen.

Die Adresse:

Erich Bauer
Postfach 22 11 15

80501 München